夫婦の理念

とある地方の結婚式場がはじめた、ふたりがずっと幸せでい続ける方法

岸本裕子

ダイヤモンド社

はじめに

あなたにとっての幸せは何ですか？

「どう？　しあわせ？」

あなたは突然そう問いかけられたら、何と答えるでしょうか。「もちろん、幸せ！」と自信を持って答えますか？　それとも「実はあまり幸せじゃない……」でしょうか。

はじめまして。

私は岡山県倉敷市内で二つの結婚式場を運営するウェディングプロデュース会社、サムシングフォー代表の岸本裕子と申します。母が27年前に設立したこの会社を、母亡きあと私が継《つ》いだのが、2013年。1982年に薬局を創業し、**1996年にウェディング業に事業転向してから現在までに、約3000組の結婚式のお手伝いをさせていただいています。**

ローカルエリアの結婚式場なので、街を歩いていると、よくうちで結婚式を挙げてくだ

さったお客さまにバッタリとお会いすることがあります。そんなとき、母が決まって口にしていたのが、冒頭のひとこと、

「どう？　しあわせ？」

でした。「お久しぶり、元気だった？」ではなく、「どう？　しあわせ？」。私はその言葉が母の口から出るたびに内心ひやひやしていました。なぜなら、結婚し、幸せであり続けることの難しさを私自身が身をもって体験していたからです。

日本では今、結婚しても三組に一組のカップルが離婚していると言われています。実は私もその中の一人。

「結婚式の仕事をしている人間が、離婚なんて」と一気に信用を失ってしまいそうですね(笑)。

別れを選択したカップルの離婚原因の1位は、「性格や価値観の不一致」だそうです。

でも、実のところ、人の価値観なんてそう簡単に変わるものではありません。恋愛中も、結婚してからも、相手は同じ人間。一緒に生活を共にし始めてから別人のように変わ

ってしまった、という例もないわけではありません。しかし、多くの場合はお互いの性格や価値観を十分理解し合わないまま、幸せな未来が待っているに違いないと結婚生活をスタートしている人が多いからではないでしょうか。そう思うのは、自分自身がそうだったからでもあります。

では、私の人生は失敗だったのかというと、そんなことはなく、子どもにも仕事にも恵まれ、今はとても幸せな人生だと自信を持って言えます。ただ、もしあのときに「結婚」について今のような知識があれば、結果が変わっていたかもしれないと思うことがないわけではありません。

幸せになりたい――。

誰もがそう願って結婚します。

しかし、「あなたにとっての幸せって?」、そう聞かれて即答できる人は意外とそう多くないような気がしています。

また、夫婦で「ぼくたち（私たち）が描く幸せはこういうものです！」と声をそろえて言えるお二人も同様です。

人の性格や考え方は十人十色。これから結婚するお二人の価値観がぴったり一緒、というケースは奇跡に近い確率です。

ただ、結婚する前に相手が何を大切に思っているか、どんなことに幸せを感じるかは知っておく必要があります。それをお互いが認め合ったうえで、「夫婦」として目指していきたい未来を考えてみる。

それがこの本でご紹介する「夫婦の理念」という考え方です。

結婚した後もずっと幸せであり続けるために

「理念」。経営者でもない限り、あまり身近なワードではないかもしれませんね。ちなみに、サムシングフォーの理念は「幸せを創造し人生を豊かに」です。

「夫婦に理念なんて堅苦しい」そう感じた人もいるでしょう。今この本を手に取ってくださった方の中には、大好きなパートナーとの結婚式を控え、わくわくしながら「どんな式を挙げようかな」と考えている人もいるはずです。そんな幸せ絶頂期のお二人に「理念を作りましょう」と言っても、あまりピンとこないのは当然のこと。

たしかに結婚式は、これまでの人生において最大級の幸せな時間です。実際、私たちも日々幸せなカップルにお会いし、その姿を目の当たりにしています。
しかし、結婚式はゴールではありません。お二人の「夫婦」としての生活がここからスタートするのです。本当の「幸せ」を作っていくのは、これから。
だから母は確認したかったのでしょう。

「どう？　しあわせ？」

と。母にとっていちばん大切なことは、ウェディングのプロとして「結婚式を無事に終えること」ではなく、結婚した「お二人が幸せであり続けること」だったのだと思います。

考えぬいた先にあった「夫婦の理念」という考え方

昨今、社会は多様化し、結婚に対する考え方も様々です。また、結婚はしても結婚式はしないというカップルも増えています。とくにコロナ禍で結婚式がしたいようにできないという期間があり、それでもするという選択をした新郎新婦さまは今まで以上に「結婚式をする意味」を考えざるを得なくなりました。社会が変わり、環境が変わる中、改めて結婚式の価値を問われているように思います。

だからこそ、私自身も改めて「結婚式とは何か」「どうしたら結婚後も幸せであり続けることができるのか」を真剣に考えました。

そして、私なりに考えてみた現時点での答え、「夫婦の理念」をこの本にまとめることにしたのです。

「夫婦の理念」を作るようになって6年。先日、テレビ番組に出演させていただいた際に、「夫婦の理念」を作ったカップルのその後を調べたところ、離婚率ゼロという結果が出ました。ここ数年の話にはなりますが、三組に一組が離婚すると言われている時代に、です。この結果に、私自身うれしいと同時に、確かな手応えを感じています。

しかし、結婚式の打ち合わせの中で、「ゲストにどなたを呼びますか?」「お食事はどうされますか?」と尋ねても不思議がられることはまずありませんが、『夫婦の理念』を作ってみませんか?」と尋ねると、必ず皆さんきょとんとした表情を浮かべます。その後に詳しくご説明すると、多くのカップルが「じゃあやってみようかな」という展開になるのですが、これをホームページやパンフレットに簡潔にまとめようとしても、なかなかうまく伝えることができませんでした。なぜならそのためには、この考えにたどり着くまでの私自身の人生経験を省くことができないからです。ですから、この本では、私の結婚生活のことや会社経営で直面した試練なども包み隠さずお話ししています。

本書はこれから夫婦になるお二人に向けて、「いつまでも幸せであり続けて欲しい」という願いを込めて書きました。と同時に、「変わりゆく結婚式」という舞台で仕事をしているウェディング業界の皆さんにも、「結婚式の本質とは何か」を一緒に考えていただきたいという思いを伝えています。

この本が一組でも多くのカップルの「幸せ」の第一歩につながりますように。

株式会社サムシングフォー　代表

岸本裕子

「夫婦の理念」目次

「夫婦の理念」は株式会社サムシングフォーの登録商標です。

第1章 結婚って何だろう？

第2章 いつまでも仲良し夫婦でいるための知恵

第3章 なぜ今、「夫婦の理念」が必要なのか

第4章 「夫婦の理念」ができるまで

第5章 「好き」のその先の未来

第1章

結婚って何だろう？

結婚式は二人の人生が交わる場所

幸せになってほしい。ただそれだけを願って……

ウェディング業界に身を置くようになり、25年が経ちました。これまでたくさんの新郎新婦さまの結婚式のお手伝いをさせていただきましたが、そのどれもが素敵で心に残るものばかりでした。

育ててくれたご両親に向けたお手紙、それぞれの人生を振り返る生い立ちムービー、ご両親のスピーチなど、結婚式にはいくつかの感動的な場面が用意され、参列者の涙を誘います。それは当日まで二人三脚で結婚式をお手伝いしてきた私たちウェディングプランナーも同じ気持ちなのですが、どうやら私は涙が出るタイミングが他のプランナーたちとは違うようで、よく彼女たちからは、「えっ？　今ですか？」と驚かれます。

ではいったいどんな場面で涙腺が緩むのかというと、結婚式を終えたお二人が会場を立ち去るときです。結婚式の退場のシーンではありません。参列者全員を見送った後、華やかなウェディングドレス、タキシードから普段着に着替えて、花束や結婚式で使ったアイテムなどの荷物を手分けして抱え、二人が暮らす家へ向かう背中を見届けたときに、様々な感情が沸き上がり、たまらなく愛しくなるのです。

幸せになってね。

自分自身が年を重ねてきたこともありますが、まるで我が子を新しい世界へと送り出す母親のような気持ちになり、お二人の幸せをただただ願わずにはいられないのです。そういうときれいごとのように聞こえるかもしれませんが、実際問題、今日本では三組に一組の夫婦が離婚していると言われています。これって結構な数字だと思いませんか？

夫婦になって直面する壁の存在

この人と、生涯を共に生きていく――。

そう信じて愛を誓い合ったのに、いろいろなことがあって別々の人生を歩く道を選ぶことになってしまった……。

誰だって結婚したときは、自分たちが離婚するなんてこれっぽっちも思っていなかったでしょう。実際、私自身がそうだったのですから。結婚して家族が増えて幸せな結婚生活が待っている。そう信じていました。

でも、現実には乗り越えられない壁ってあるのですね。いえ、今思えば、乗り越えることをあきらめてしまっていただけなのかもしれません。**どんな夫婦でも大なり小なりの壁には必ずぶつかります。その壁を一つ一つ、二人で力を合わせて乗り越えていけるか、それとも途中であきらめてしまうのか。それだけの違いなのだと思います。**

ですから、どんなに素敵な結婚式だとしても、このお二人なら絶対に大丈夫！と思ったとしても、最後は祈るような気持ちで見送っています。

結婚式は恋愛の昇華ではなく、夫婦の長い人生のスタートです。

二人が出会い、結婚式に至るまでの様々な日々を経てその日を迎えるので、式が無事に終わるとまるでゴールにたどり着いたような気持ちになってしまうのですが、**お二人の本当の始まりはこれから。**

今日からは「恋人」から「夫婦」になり、生活を共にしていきます。それまで違う環境で育ったお二人が、お茶碗の洗い方や掃除の仕方、食事の味といった日常の些細《ささい》なことから、お互いの仕事に対する考え方、子育て方針、両家との付き合い方など、たくさんのことを共有していくことになります。

お二人の未来は誰にもわかりません。だからこそ、この「始まりの日」に、私はお二人の未来に向かって精いっぱいのエールを送るのです。

そもそも結婚って何だろう？

恋愛の先に結婚があるのではない？

ウェディング業界に身を置いているせいか、時折「そもそも結婚って何だろう？」と考え込むことがあります。

ちなみに辞書で「婚姻」の意味を調べてみると、こう書かれていました。

「婚姻とは社会的に承認された、多少とも継続的な男女の性的結合であり、一般には特定の規範に基づく同棲関係と経済的協力を伴う社会制度である」（『日本大百科全書』より）

なんだか難しく書かれていますが、簡単に言うなら「制度」ということ。皆さんが結婚という言葉を聞いて思い浮かべるものとはきっとかけ離れていると思います。「愛」や「幸せ」といったロマンチックな要素は文中にはひとことも出てきません（笑）。

婚姻届を出すことによって新たな世帯が誕生し、子々孫々と命がつながれていくことで、そこに社会が生まれ、経済活動がなされ、国が栄えていく。恋愛中は「二人だけの世界」だったのが、婚姻という契約を結んだ途端に、「社会」という大きな世界の中で新たな役割を与えられる。なんだか不思議な気持ちになりませんか。

低下する一方の婚姻率

しかしながら、近年、日本では婚姻数も出生数も減少傾向にあり、少子化は加速していく一方です。厚生労働省が2020年に発表した調査によると、日本の婚姻件数、婚姻率は次のような傾向をたどっていると説明されています。

第一次ベビーブーム世代が25歳前後の年齢を迎えた1970年から1974年にかけては年間100万組を超え、婚姻率（人口千人当たりの婚姻件数）も10・0%以上と、当時適齢期と言われていた多くの男女が「結婚」の道を選択していました。

その後は、婚姻件数、婚姻率ともに低下傾向となり、1978年以降2010年までは、婚姻件数は年間およそ70万組台で増減を繰り返してきましたが、2011年以降は年間60万組台まで下がり、2018年にはついに60万組台を割ってしまいます。2019年は「平成」から「令和」への改元のタイミングで婚姻する、いわゆる「令和婚」の影響もあり、59万9007組と、7年ぶりに前年より増加しましたが、2020年は新型コロナウイルス感染症の影響もあって再び52万5507組と低下、過去最低を更新しました。婚姻率も4・3％と過去最低となり、ピーク時の1970年代前半と比べると半数程度になってしまっているのです（厚生労働省「人口動態統計2020」）。

婚姻件数の低下は、そのまま少子化へも影響します。様々な政策がなされていますが、少子化は止まることなく、今後の日本に暗い影を落としています。

しかし、ここではそういった社会問題に声を上げるつもりはありません。今は結婚をしても、しなくてもそれぞれの生き方が尊重される時代です。どんな人生を選ぼうとそれは本人の自由。

ただ、少子化傾向とはいえ、年間50万組以上の方々が「結婚」を選択しているのもまた、事実なのです。

結婚がもたらすもの、満たしてくれるもの

ではなぜ結婚するのでしょうか。

愛する人とずっと一緒にいたい。

これがいちばん素直な気持ちかもしれません。結婚は生涯のパートナーとなる誓いを立てることです。恋人とは違う強い結びつきが生まれます。

また、両親や家族を安心させたいという気持ちもあるでしょう。両親にとって我が子が支えとなる伴侶《はんりょ》に恵まれることは何よりの安心につながります。両親のために結婚するわけではないけれど、経済的に安定した生活のためにも結婚をしたいと思っている人は多いはずです。自分の家庭はここにあるんだという居場所としての安らぎ、夫婦だからこそ、親だからこそ味わえる人生の物語に期待する人もいるかもしれません。

そして、それが法律上認められているのが夫婦です。ですから、結婚することのメリットは多いのです。

なぜ結婚しても幸せでい続けられないのか

どんなに素敵な結婚式をしても別れを選ぶことがある

その男性に再会したのは、岡山市内の結婚式場を撤退し、事業を倉敷に移して新しい式場をオープンさせた年のことでした。

見学に訪れたお二人を会場へと案内するスタッフ。その場面に遭遇した私は見覚えのあるお顔に一瞬目を疑いました。「いやいや、まさか」と心の中でつぶやいて、足早に通り過ぎようとすると、その男性から声をかけられたのです。

「実は離婚したんです……」

男性の隣には、見知らぬ女性が並んでいました。

ご本人もまさか私がここにいるとは思いもしなかったのでしょう。申し訳なさそうな顔をして「すみません……、やっぱりちょっと気まずいので帰りますね」。そうおっしゃってその場を去っていかれました。

実はその男性は数年前、私が勤めていた別の式場で、別の女性と結婚式を挙げていたのです。

新婦さまにはご病気のお父さまがいらっしゃいました。娘の結婚式に参列することを心の支えにして病気と闘っていましたが、残念ながらその夢は叶わず、式を挙げる前にお亡くなりになってしまったのです。

喪中のため一時は延期を考えたお二人ですが、お父さまがまだ元気な頃に、「自分が死んでも結婚式の予定をずらすんじゃないぞ」と話していたことを思い出したそうです。「だからこそ、父の遺言通りに結婚式を挙げます」とお二人から申し出があり、予定通り結婚式を行うことになりました。

本当ならお父さまと歩くはずだったバージンロード。新郎さまと歩くこともできますし、お父さまの代わりにどなたかと歩くこともできます。ですが、私からはあえて「お父さまと歩きましょう」とご提案しました。「えっ⁉」と驚く新婦さまに、「お父さまは必ずいらっしゃっています。たとえ目には見えなくても」、そう伝えて。

式の当日は、新婦さまにお父さまの遺影を持ってバージンロードの少し左に立っていただきました。そして、まるでお父さまが新婦さまの隣に立ち、お二人でバージンロードを歩いているかのように、新郎さまの元へ進んでいったのです。

式の終わりに新郎さまは、「僕がお父さんに代わって幸せにします」と宣言し、そこにいるみんなが感動する素敵な式だったことを鮮明に記憶しています。

だから、今回の予期せぬ再会に、私の頭の中は混乱しました。

あんなに新婦さま思いだったやさしい新郎さまが、わずか数年で別の女性と結婚する。

お二人にいったい何があったのでしょうか。

恋愛中は相手のいいところしか目に入らない

お二人が別れた理由はわかりません。ただ一つ言えるのは、どんなに愛し合い、どんなに素敵な結婚式を挙げても、別れを選ぶ人たちがいるということです。

結婚したら相手が豹変したとか、浮気をしていたとか、何か特別な出来事が起きて離婚するご夫婦もいるでしょう。ですが、それはひとまず措いておいて、離婚の原因の第1位は「性格の不一致」と言われています。価値観の違い、という言い方をする人たちもいます。

恋愛期間中は見えていなかったものが、一緒に生活をする中で見えてくることはあります。そもそも、生まれ育った環境も、これまでの経験も異なる二人だから、考え方が違うのは当然と言えば当然。たとえ性格や価値観が似ていたとしても、まったく同じということはあり得ず、どんなお二人でも何かしら違った部分を持っているはず。それをお互いに認め、補い合うのが夫婦なのだと思います。

ですから、性格の不一致や価値観の違いは、実は直接的な離婚の原因ではないと私は考えています。違いそのものが原因ではなく、違いについてお互いに話し合ってこなかったからわかり合えず、離婚という選択をするしかなかったのではないか。

恋愛中は相手のいいところしか見えないし、「違い」が自分にはない魅力に映るもの。そしてこの人とならずっと愛し合えると確信して、結婚という道を選ぶ。

かくいう私もそうでした。

結婚してみてわかったこと

「恋愛」から「生活」へ

ここで少し私自身の話をさせてください。

私が結婚したのは、28歳のときでした。当時は20代のうちに結婚しなければ「行き遅れ」と呼ばれる時代。田舎ではもっと早く結婚する友人がいたので、どちらかというと後発組だったと思います。

私が育った家は、父は建設業、母は自宅で薬品と化粧品の販売をしていました。母の仕事はその後、いろいろな経緯をたどり、最終的にウェディングプロデュース会社へとつながっていくのですが、その話はまた別の章で詳しくお話しします。

結婚の相手は大手企業の社会人ラグビーチームに所属するスポーツマンでした。ウイングのエースで足が速く、最初に試合を観たとき、「風のように走る人だな」と感動したことを覚えています。普段は人を笑わせるのが得意な、私より3歳年下の人でした。

独身時代に勤めていた広告代理店は結婚を機に退社し、その後すぐに子どもにも恵まれました。

すでに母が始めていたウェディングプロデュース会社で働いていた私は、慣れない育児に右往左往する日々。私の関心事はもっぱら子ども、次に仕事、そして最後に夫と、優先順位が変わっていきました。

お子さんをお持ちの女性なら共感していただけると思いますが、女性は子どもを産むと、「女」から「母親」に変わります。女性は妊娠、出産を経て徐々に母親になる準備をしていきますが、男性からすると、いきなり「奥さんが変わってしまった」と感じるのでしょう。それまでは夫と二人の生活だったのが、子どもが生まれてからは、毎日が慌ただしく子どもが中心の生活に一変。夫には父親としての役割を要求するようになります。今ならそのときの夫の寂しい気持ちがわかりますが、当時の私に夫の気持ちをおもんぱかる余裕などありませんでした。お互い、まだまだ未熟だったのだと思います。

雲行きが怪しくなってきたのは、私が母の右腕として、多くの結婚式を任されるようになった頃でした。

二人目を出産したその年に、縁があって岡山市にあった由緒ある料亭の跡地に初めての自社会場を構えることになりました。ここでのことは、今は詳しく説明しませんが、その後いろいろなことがあって、8年後に撤退することになります。

夫は私がウェディングの仕事をすることに反対はしていなかったけれど、ますます仕事中心の生活で家事も育児もままならず、夫婦としての時間をないがしろにしていた私との生活にストレスを感じるようになったのでしょう。私も自分勝手な夫の行動に不満が募り、ケンカが絶えず心身ともに疲弊していきました。

そうはいっても愛し合って結婚した相手です。また、子どもたちの父親でもあります。だから何としてもやり直したかった。

そこで、私たちは新しく家を建てることにしました。夫がどう思っていたかはわかりませんが、私は環境を変えることで新しくやり直せるような気がしていたのです。今考えれば、そんなに簡単なことではないとわかるのですが、当時の私はとにかく状況を変えたかったのだと思います。

結論から言うと、環境を変えただけでは人は変わらないということを思い知りました。結局、外に問題の理由を置いている限りは、何も変わらない。自分自身の力で変わるしかないのです。

結婚生活は失敗ではなかった

こうして私たちの夫婦生活は14年で幕を閉じました。娘が中学2年生、息子が小学3年生のときです。

最後の数年は、肉体的にも精神的にも本当につらい毎日でした。長い間、二人三脚で一緒に仕事をしてきた母が病に倒れ、その後も様々なことが重なり代表を交代し、債務超過の会社を必死に立て直していたときに、夫婦関係は私の足を引っ張るものでしかなかった。そのときの私は、「なぜわかってくれないの?」「なぜこんなことをするの?」と、夫を責めることしかできなかったのです。夫も同じように感じていたのでしょう。ケンカばかりで家に帰るのが苦痛な毎日。あるとき、夫婦ゲンカの声におびえた息子が、机の下で耳をふさいでいるのを見たとき、「あぁ、もうダメだな」と思いました。私は夫婦として一緒にいる意味も目的も見失ってしまったのです。

しかし、きれいごとに聞こえるかもしれませんが、結婚したことに後悔はありません。また、失敗したとも思っていません。私たちが愛し合って結婚したのは紛れもない事実ですし、二人のかけがえのない子どもにも恵まれました。

結婚は多くの幸せをもたらしてくれたし、人生の勉強をたくさんさせてくれました。結婚していなければ今の自分はないし、離婚を経験したからこそ、その難しさを知ることが出来、「夫婦の理念」というものに繋がっていきました。今は元夫に心から感謝をしています。

でもあのとき、もしお互いにきちんと向き合い、話し合うことができていたら、もし自分の意見だけが正しいと思わず、相手に感謝し、受け入れていたら――。もしかしたら違う結果になっていたのではないか、そう思うこともあります。

「結婚したら幸せになれる」から「二人で一緒に幸せを作っていく」の発想へ

20年前の新婦から届いた手紙

結婚したら幸せになれる。人生経験がまだ浅かった20代の私は、どこかでそう信じていました。

また、性格の不一致や価値観の違いなどで離婚してしまう夫婦が多いことは知っていても、自分たちはそれに当てはまらないと思い込んでいました。多くの離婚という道を選択したご夫婦も同じだったと思います。

倉敷市で会社を再出発させた1年後に、私をこの道に導いてくれた母が亡くなりました。折しもその年に、サムシングフォーは創業20周年を迎えたのです。母が亡くなって間もないときでしたが、喪に服すよりお世話になった人たちに感謝の気持ちを伝えるための、周年パーティをしようと思い立ちました。

周年パーティには、終焉まで母と年賀状やハガキのやり取りをしていたご夫婦たちにも案内をお送りしました。この方たちにどうやって伝えよう……と思い悩んでいたときにふと思いついたのが、20周年のお知らせと、パーティの際にお渡しするパンフレットに記載するメッセージの依頼でした。その案内の中で母の訃報も伝えたのです。

すぐに20年前に結婚式を挙げてくださった奥さまから泣きながら連絡があり、後日母の墓前にと手紙が届きました。

そこにはこんなことが綴られていたのです。

「いつでも会いに行けると思ったら、なかなか行けなくて、とても後悔しています。もっと早く会いに行くべきだった……。

私、頑張ってきたんよ。

結婚して20年、いろんなことがあった。ものすごく大変な時期もあったけれど、頑張ってきたんだよ。」

その手紙はまるで母に話しかけているようでした。

「よく頑張って幸せになったね、よしえちゃん（奥さまのお名前）」

そう言って母に褒《ほ》めてもらいたい。そんなふうにも感じました。

そのとき、ふと冒頭でお話しした母の言葉を思い出したのです。

「どう？　しあわせ？」

なんとも不思議なあいさつです。考えたくはありませんが、一緒にいられなくなったご夫婦だっています。そんな唐突なあいさつに、私はいつもハラハラしていました。

ですが、いまさらながらに気づいたのです。

母にとっていちばん大切にしていたのは、**「結婚式を素敵にすること」**よりも、**「二人が幸せでい続けられること」**だったのだな、と。

結婚したら幸せになれるわけではありません。二人で幸せになるために、お互いが違いを認め、「どんな家庭を築いていきたいか」その思いをすり合わせ、仲良く過ごす努力をしていかなければならないのです。

こうして努力してきた先に幸せがある。その方のお手紙を読み、そう思いました。

努力というとしんどそうなイメージがありますが、大事なのは結婚で何かをあきらめたり、妥協したりするということではなく、二人で足りないものを補い、力を合わせながら、二人で幸せを作っていくことなのだと思います。

第2章

いつまでも仲良し夫婦でいるための知恵

仲良し夫婦がやっている「〇〇活」の効果

自分が褒められると、相手のことも褒めたくなる

私の周りには、結婚して10年、20年以上経っても、いつまでも仲良しなご夫婦がたくさんいらっしゃいます。「なぜ今も仲良しなのか」観察してみると、どのご夫婦にもある共通点があることに気づきました。

それは**とても「褒め上手」**なのです。

「あ〜、やっぱりウチのごはんがいちばん美味しいなぁ〜」

「あなたはＤＩＹが得意だから、とても助かるわ」

「あ、髪切ったの？　すごく似合うね」

「キミが笑っているのを見るのが僕はいちばん幸せ」

と、まぁ褒める、褒める。「天才！」「かっこいい！」「なんでもできるのね！」と、聞いているこちらのほうが恥ずかしくなってしまうほど、堂々と褒めるのです。

私と言えばどうだったでしょう。

もともと言葉で伝えるのが苦手なタイプで、ほとんど褒めることはしなかった私。今思えば、どちらかというと夫のほうが私を褒めてくれていたように記憶しています。なのに、私ときたら日々の暮らしをこなしていくのに精いっぱいで、褒めるどころか不満ばかりを募らせて、いいところを見ようともしていませんでした。

その後、夫婦仲はどんどん悪化し、最後はお互いを責め合う関係になっていったのは、すでにお伝えした通りです。

日本人は褒めることがあまり得意ではないように思います。日本の謙遜《けんそん》文化が影響しているのでしょう。とくに自分のことや自分の身内のことは、あまり褒めたり、自慢したりしません。むしろ、あえて下げて言うのが美徳とされる風潮にあります。

例えば奥さまのことを「愚妻《ぐさい》」なんて言い方があります。現代はそういう言い方はかえってかっこ悪いと思う人のほうが多い気がしますし、なにより、本当に自分の奥さまのことを「愚《おろ》かな妻」と思っている人なんていないはずです。

人は誰しも承認欲求を持っています。誰かに認められ、褒めてもらいたい。身近な人にはなおさらです。

子どもを思い浮かべてみてください。子どもはお父さん、お母さんに認めてもらいたいし、褒めてもらいたい。だから、「お父さん、お母さん、ほら見て、見て！」と自分に気を引こうとするのです。子どもだけではありません。大人だって同じです。褒められて気分が悪くなる、なんて人はいません。

そして、実はこの「褒める」という行為には、別の効果もあります。「すごいね」「すてきだね」と褒められたほうは、「いやいやキミのほうこそ……」と、今度は自分から相手を褒めるようになります。つまり、褒めるという行為が循環し、自分にも「褒め」がまわってくる。相手の気分をよくすることが結果的に、自分の気分もよくすることにつながるのです。

いつまでも仲良くしているご夫婦は、この「褒める」を意識的に行っているように感じます。夫婦のコミュニケーションの中で、私がいちばんおススメしたいのは、パートナーを褒めちぎることです。

だけど、褒めることが何もないんですけど……、とおっしゃる人もいるでしょう。「何かをやった」「何かで成功した」など、結果を褒めようとすると、褒める数が限られてしまいますが、結果だけではなく過程にも目を向けると、「こんなに努力できるあなたはすごい」「あなたがいてくれるだけで安心」と、褒める言葉のバリエーションが広がっていきます。また、意識しなければ「当たり前」と思ってしまうような些細なことでも、褒められたらうれしいもの。**「ありがとう」のひとことでも十分に相手の承認欲求を満たすことができるのです。**

もう一つ効果的なのが、「本人のいないところで褒める」です。本人に直接伝えるのもいいのですが、友達や相手の両親に伝えるというのも効果抜群。外でも褒められている、自分のことをよく言ってくれていると、ますます承認欲求が満たされるからです。

SNSで「今日はママ友と飲み会。料理上手なパパのご飯に、子どもたちは大喜び！」、なんてさりげなく自慢するのもいいでしょう。本人は見ていなくても、誰かがきっと見ているので、必ず本人の耳に入ります。

さらに、褒められたことで、より一層褒められたことを頑張ろうという気になります。逆に言えば、「こうなってほしいな」と思うところを、褒め言葉に変換して言い続けていると、次第にこちらの願望通りになっていくという相乗効果も期待できる、ということ。

「あの二人はいつも仲良しでいいなぁ」とうらやましく思って見ていたご夫婦は、お互いの良いところを見つける目を持っているのです。パートナーを褒める活動、略して「褒め活」。ゲームを楽しむような気持ちでやってみてください。言葉はタダ。でも効果は絶大。ぜひお試しを。

ラブタンクを満たすことが、幸せでいられる秘訣

ケンカに発展する原因は心の渇きによる「不満」

離婚を経験してから、どうしたら夫婦が仲良く暮らしていけるかが知りたくて、夫婦に関する様々な本を読み漁りました。そんな中で出合ったのが、アメリカの結婚カウンセラー、ゲーリー・チャップマン氏が書いた『愛を伝える5つの方法』（いのちのことば社）という本です。

読み終えたときの「そうか、そういうことだったのか！」と、目からウロコが落ちるような納得感といったら！

以来、私はたくさんのカップルに「この本を読んでおくといいですよ」と、余計なお世話かもしれませんが、プレゼントしています（笑）。

地球上の全夫婦が読むべき本と言っても過言ではありません。これから結婚する人はパートナーへの理解が深まるし、すでに結婚している人は「なぜ今までうまくいかなかったのか」、その謎が解けると思います。

どんなに大恋愛の末に結婚しても、なかなか避けて通れないのが夫婦ゲンカです。「夫婦ゲンカは犬も食わぬ」という言葉があるように、たいしたことではないと考える人もいるでしょうが、お互いが言い争ったり、傷つけ合ったりするなんて、できればしたくない。ケンカをしないに越したことはありません。

ケンカの原因はいろいろありますが、普段だったら軽く流してしまうようなことでも、そのときの状態や気分によって、ものすごく腹が立ってしまうことはありませんか？

その「不満」、実は愛情の飢えからきているのです。

ラブタンクの存在

チャップマン氏の話によると、人間の心の中には見えない愛情を溜めておくタンクのようなものがあるそうです。それをこの本では「ラブタンク」と呼んでいます。

パートナーからの愛情が感じられると、ラブタンクの容量は満たされ、幸せを感じます。逆に愛情が感じられない状態が続くと、タンクの容量はどんどん減ってカラカラの状態に。満たされていない心は余裕がなくなり、「不満」となって相手に対する行動や言動が攻撃的になってしまうのだと言います。

つまり、夫婦関係をうまくいかせるためには、そのラブタンクを愛情によって満たし合うことが大切なのです。

では、どうやって相手のラブタンクを満たしてあげればいいのでしょうか。

「愛している」と言葉にしてあげればいい？

もちろん、それも一つの愛情表現ですが、それだけではありません。

この本によると、ラブタンクを満たす方法は「5つの愛情表現」にわけられるそうです。しかも、あなたのパートナーが、あなたと同じ方法で愛情を表現するとは限らないと言います。そこを間違えてしまうと、お互いのラブタンクを満たし合うことができなくなり、「こっちは相手のためにこんなに努力しているのに、文句ばかり言われている」と不満が募る。結果、ぶつかり合うことになってしまうのです。

そうならないためには、**相手が求める愛情表現を知っておく必要があります。**

愛を感じる「5つの愛情表現」

人が愛を感じる表現は、次の5項目に分類されると言います。

①【言葉】愛の言葉だけでなく、感謝や励ましなど相手に肯定的な言葉をかける
②【時間】限りある時間を自分のために使ってくれる
③【ギフト】プレゼントなど愛情が形になっているものを渡す
④【サービス】相手のために何か助けになることをしてあげる
⑤【スキンシップ】手をつなぐ、ハグをするなど肌と肌のふれあいを大切にする

「言葉」は、愛を言葉にして伝えることです。ただ、日本人は欧米人のように「愛している」と言葉にすることがあまり得意ではありません。

その場合は、「いつも美味しいごはんを作ってくれてありがとう」と感謝の言葉を伝えたり、「頑張っていてすごいね」と励ましたり、「お疲れさま」と労ったりするのでもいいでしょう。先にご紹介した「褒める」は当然、言葉による愛情表現です。

「時間」は、本の中では「クオリティータイム」という言い方で紹介されています。人はみな限りある時間を削って生きています。それほど人にとって時間は大切なものなのです。その限りある時間を自分のために使ってくれていると感じたとき、「自分は愛されて

いる」と思う人がいます。
この場合、ただ一緒にいるだけではダメ。話を聞くときは「ながら」で聞くのではなく、相手ときちんと向き合って聞くことが重要なポイントです。

「ギフト」は、プレゼントなど愛を形にして渡す行為です。特別に高価な物である必要はありません。仕事の帰りに「あ、これおいしそうだな。一緒に食べよう」とケーキを買ってきたり、感謝の気持ちをカードに書いて渡したりといったことで十分。形になっているものはすべて「愛のシンボル」だと感じます。

「サービス」は、相手のために何かしらしてあげることです。相手が忙しいときに手伝ってあげることで、相手の負担を減らすことができます。家事を手伝うなどがわかりやすい例でしょう。

最後の「スキンシップ」は、その言葉の通り、手をつなぐ、ハグをするなど、肌と肌のふれあいを大切にすることです。もちろん、セックスも含まれます。相手の肌から伝わるぬくもりから愛情を感じるタイプです。

たしかにどれも愛情を感じられる行為ですが、**何によって愛情を感じるのか人によって優先度が違います。**

相手の愛情表現を知る

わかりやすい例をご紹介しましょう。

仕事で忙しい奥さまが帰宅後、「遅くなってごめんね」と言って急いで夕食の用意を始めました。旦那さまはいつもと同じように食卓の準備ができるのを待ち、出来上がったご飯を食べ始めます。

すると、次第に奥さまの機嫌が悪くなってきました。それを察した旦那さまは、奥さまの負担を減らしてあげようと、率先して食器洗いを買って出ます。

ですが、ますます奥さまは不機嫌に。ついに旦那さまの怒りも爆発します。「なんで怒っているんだよ！　後片付けは俺がやるって言っているだろう！」と。

売り言葉に買い言葉、今度は奥さまのほうが、

「疲れているのよ！」

「だから手伝うって言ってるじゃないか」
「そんなことしてほしいなんて言ってないでしょ！」

どうしてこんなことになってしまったのでしょうか。一見すると、旦那さまが忙しくてイライラしている奥さまの機嫌を取ろうとしているけれど、お互い意地になって言い争いになってしまった……そんなふうにも見えますよね。忙しい日常にはよくある夫婦ゲンカのパターンです。

なぜこうなったのかと言うと、このご夫婦は、ラブタンクの満たし方にズレがあったから。

この場合、旦那さまの愛情表現は「サービス」です。忙しい奥さまを手伝うことで、愛情を示そうとしています。しかし、奥さまの求める愛情表現は、どうやら「サービス」ではない様子。もしかしたら、「言葉」なのかもしれません。このことを旦那さまが知っていれば、家事を手伝うことではなく、「いつも忙しいのに美味しいご飯をありがとう」と労いと感謝の言葉を伝えられたでしょう。そして、その言葉を聞いた奥さまは優しい言葉に疲れも癒され、旦那さまに「おかわりはどう？」なんて、さらにサービスすることを考えたかもしれないのです。

もし奥さまが、「時間」に愛情を感じるようなら、「食後にキミが観たいと言っていた映画、一緒に観ない？」と誘ってみれば、反応は違ったかもしれません。

愛情を感じるのが「スキンシップ」なら、食事が終わった後、一緒にソファに座ってマッサージをしてあげれば、とても喜んでくれたでしょう。

相手が望む愛情表現がわかっていれば、何があっても機嫌よくいることはできるのです。逆に自分よがりの間違ったアプローチをしてしまうと、相手の心が満たされず不満が募り、些細なことでも感情が爆発してしまう。この愛情のすれ違いを生み出す心のカラクリを知っておくと、夫婦ゲンカはぐんと減るはずです。

相手の愛情表現が何かをお互いが知ることで、今よりももっと仲良くなれる方法がわかるのです。

ルールを決めるのは注意が必要

ルールが足かせになってしまうことも

よく結婚するにあたり、ルールを決めておくというご夫婦がいます。金銭面や家事の分担、ほかにも日常生活や将来設計など、先に決めておくことで不安を払拭でき、トラブルやケンカを事前に防ぐことにつながるのはたしかです。

しかし、**あまり細かすぎるルールは、逆効果になってしまうことがあるので注意が必要。**なぜなら、守れなかったときにそれが相手を責める口実になってしまうことになりかねないからです。

あまりにも窮屈なルールはお互いの間に溝を作る原因となってしまいます。ルールがあることで「正しさ」の押し付け合いになり、まるでルールが守れないのが悪になってしまう危険性があるように思います。

「正しさ」はときに相手を傷つける武器になります。ルールを守ろうと無理をすることもいずれ苦しくなります。大切なのはルールではなく、いつでも話し合える二人でいること。「いってきますのチューが日課です」というのも微笑ましくていいのですが、ルール化するとどちらかが面倒くさいと感じてしまったり、「義務化してしまっているから仕方なくしているのかしら」などと疑心暗鬼になったりして、愛を感じるスキンシップではなくなってしまうかもしれません。

ただし、決めておくといいルールもあります。それは金銭面の分担など、お互いの快適な生活を守るためのもの。あとは、「ウソをつかない」など、信頼関係を保つためのものくらいが望ましいように思います。完璧を求めず、節目節目で話し合って、お互いを尊重し、その都度ルールもアップデートしていくといいのではないでしょうか。

先々の不安が不幸を作る

新婦さまからこんな相談を受けることがあります。「好きな人にとても愛されてすごく幸せだけど、この先もずっとそれが続くのか心配になるんです。いつかほかに好きな人ができて浮気しないかと考えると、不安で眠れなくなる日があるんです」と。ほかにも、「今はとても彼が好き。でも、これから先何十年も同じ気持ちでいられるか自信がない」。

側《はた》から聞けばなんとも幸せな悩みですが、彼女たちはいたって真剣です。

きっと幸せというものは、長くは続かないものだとどこかで思っていて、今の幸福があまりにも大きい分、逆に不安も大きくなっているのだろうと思います。

まだ起こってもいない未来に不安材料を探している今は、どんな気分でしょうか。不安ばかりに目をやると、ちょっとしたことに敏感に反応し、不幸の種を探し、心が沈み、自分で自分を不幸に追いやってしまいかねません。今、本当は幸せなのに、幸せを味わえていないなんてもったいない話です。

先の幸せを望むなら、今を幸せにすること。今の幸せの連続が、結果的に先々の幸せを作ることにつながっていくのだと思います。

不安の呪縛に囚われないようにするためにも、「夫婦の理念」は有効です。あるご夫婦は、些細なことでケンカになったとき、「夫婦の理念」を見ると仲直りしなきゃ、と思うそうです。結婚したときの自分たちが、今の自分たちに語り掛けてくるのだと言います。

「忘れてない？　幸せだってこと」と。

二人が幸せでい続けるためのとっておきの考え方

どちらが正義かではなく、二人の幸せを考える

どんなに仲がいい夫婦でも、結婚生活をしていく中では、大なり小なりぶつかり合いはあります。

「なんで私だけこんなに大変なの！」
「俺だってやっているじゃないか！」

夫婦ゲンカになるときは、お互いが「自分が正しい」と思っていて、「相手が折れるべきだ」「相手が変わるべきだ」と主張しているため、いつまでも平行線になりがちです。
その状況が長く続くと、お互いにストレスが溜まり、イライラから相手にきつい言葉を投げたり、つい手が出てしまった、なんてことにも……。そこまでくると、ケンカを通り越して憎しみが生まれてしまいかねません。

「いやいや、こんなことで言い争いたくない。仲良く暮らしたいのに……」と思っていても、気づいたら修復できない状態にまでなっていた、なんてことになる可能性もあります。

以前、ちょうど会社も大きくなっていくタイミングで人材育成のセミナーに参加したことがありました。そのセミナーでは会社だけではなく、夫婦の関係においても取り入れるといいのではないか、そう思うアイデアがいくつもあったのですが、その中でとても腑に落ちたアイデアがあったので本書でもご紹介したいと思います。それは、「架空の第三者を間に置く」という考え方です。

夫婦とは、生まれも育ちも違う男女が、結婚という制度によって一緒に生活をすることです。性格も違えば価値観も違うのだから、ぶつかり合うのは自然なこと。それをどううまく乗り越えていくかが、夫婦の永遠の課題だと言えるでしょう。

ただ、夫と妻という1対1のぶつかり合いは、バーサス（敵対関係）に発展しやすいという危険性があります。バーサスの関係になると、仲直りのためには結果的にどちらかが折れることになり、不公平感のもやもやを抱いたままになってしまいますよね。

そこで、1対1にならないように、夫婦の間に「架空の第三者」、例えて言うなら「幸せな結婚生活さん」を置いてみるのです。相手のために折れるのはなんとなくしゃくだけれど、相手ではなく何か別のことのために譲歩するということなら心理的にも楽になれるのではないでしょうか。その「別の誰か」が「幸せな結婚生活さん」です。「幸せな結婚生活さん」は、言うなれば心の底で二人ともが求めている願望のこと。だから、「幸せな結婚生活さん」のために譲歩する、という考え方にしてみるのです。

例えば、共働きで、平日はお互いに忙しいご夫婦がいたとします。家のことができるのは週末だけ。「早く家事を済ませておこう」と、日曜日の朝から家の掃除を一生懸命やっている奥さまの横で、ソファに寝転んでくつろぐ旦那さま。

「ちょっとはあなたも手伝ってよ……」

「日曜日くらいゆっくり過ごそうよ……」

普段だったらここでバトルが始まります。

でも、相手との間に「幸せな結婚生活さん」を意識して置いてみると、意地を張ってバトルをするよりも、まずは相手の意見を聞いてみようと思えるかもしれません。

一緒に週末を過ごしたいと思っているのは二人とも同じなのに、主張を曲げるのは「私が我慢した」という気持ちになり、フラストレーションが溜まる。どちらかが「譲る」という構造は、それが結果的に損得勘定や勝ち負けの判断になってしまうのです。でも、それが「相手のために仕方なく譲る」のではなく、ここにいる「幸せな結婚生活さんのために譲る」なら、自分の意見を下げることもできる。物事を俯瞰して見ることができ、自分の気持ちだけでなく相手の気持ちも考えられるようになります。

結局のところ、どちらも幸せな結婚生活を望んでいるのです。ただ、違う方向から山を登ろうとしているだけ。二人が登りやすい道を見つけ、一緒に協力し合いながら登っていけばいいのです。

幸せは自分たちが工夫して作っていくもの

「楽しい」から「楽しむ」の発想へ

こうして見ていくと、夫婦で仲良く暮らしていくためにはお互いが褒め合ったり、相手が求める愛情表現をしたり、程よいルールを決めておいたり、二人の間に「幸せな結婚生活さん」という架空の人物を置いてみたりと、様々な工夫や努力ができるということに気づかされます。

ところが、多くのカップルは恋愛の延長線上に結婚があると考えているため、どこかで相手が自分を幸せにしてくれると思い込んでしまうのです。そして、「結婚は自分を幸せにしてくれる」と信じて疑わない。

でも、結婚したから幸せになれるわけではありません。
二人で「幸せになるため」に夫婦になるのです。

「楽しい」と「楽しむ」の違いのようなもの、と言ったらどうでしょう。「楽しい」というと、いろいろあったことに対して、どう感じたかという受動的な気持ちを表しますが、「楽しむ」というのは、結果（目標）までの過程の中でどのようにそのことに対して向き合うかという能動的な気持ちになります。両者は一文字しか違わないけれど、その意味は似て非なるものです。

結婚生活もそれと同じ。「結婚をすれば幸せになれる」のではなく、「結婚を幸せなものにしていく」という考え方にすると、なんだかしっくりきませんか？

価値観が違うのは当たり前。違っているようで、実は言い方を変えたり、視点を変えれば重なり合う部分が必ずあるはずなのです。すると、違うと思っていた感情は消えていき、そこに共通の価値観が生まれます。「あなたが望んでいることは私も望んでいることで、あなたが叶えたいことも私が叶えたいこと」。であれば、自分のために、相手のためになることをする。それがお互いの幸せをお互いが作っていくことになります。

結婚したことに正解も不正解もありません。二人が結婚したのは「好き同士だったから」「運命だったから」と言いたいところではありますが、私が思うにひとことで言うと、「二人の間に結婚という縁があった」ということ。縁というつかみどころのない関係性にいかに意味を見出していくかがどの夫婦にとっても課題なのだと思うのです。

「自分が結婚して夫婦になって得ることのできる幸せは、この縁があったから」と言えるように未来に続く二人の物語を描いていく。そして長く続く夫婦の日常にその答えを見つけていく。

結婚を幸せなものにするというのはそういうことかなと思います。

二人には二人でしか実現できない「幸せのなり方」があります。それを明確にしたもの、その対話のプロセスを含めたものが「夫婦の理念」なのです。

次章では、この「夫婦の理念」という考え方について、より詳しくご紹介していきたいと思います。

第3章

なぜ今、「夫婦の理念」が必要なのか

結婚式は未来の二人を幸せにする

サムシングフォー誕生のものがたり

さて、ここで本題に入る前に、私が代表を務めるウェディング会社、サムシングフォーについて少しお話させてください。

サムシングフォーは、私の母が創った会社で、私は2代目の社長になります。

子どもの頃、我が家は店舗付住宅で、母は薬と化粧品の販売をしながら、ときどき家でエステも行う、という仕事をしていました。家族が食卓を囲んでいるときでも、お店の玄関チャイムが鳴れば、「はーい、いらっしゃいませ！」と声をかけてお客さまを迎え入れる。そんな環境の中で私は、働く母の背中を見て育ちました。

その後、母は本格的にエステサロンを始めます。おそらく岡山では初のエステサロンだったのではないでしょうか。サロンのお客さまは、いわゆるセレブな奥さまたち。

あるとき、お客さまの一人が、「私、1回着た洋服は二度と着ないのよ」とおっしゃったので、それを聞いた母が「じゃあ、私にその服、売らせて!」と、サロンの片隅でリサイクルショップをスタートさせたのです。

すると、「高級ブランドの洋服が低価格で買える」と、結婚式の司会業をされている方々の間で口コミが広がり、話題となりました。結婚式の司会者さんは、会場スタッフとは違い、制服がありません。なので、自前で「それなりにいい洋服」を用意しなければいけなかったからです。

こうしたお客さまたちと親しくなっていくうちに、「あなたは司会者向きだから、司会業もやってみたらどう?」と誘われ、薬と化粧品の販売、エステサロン、リサイクルショップをしながら、副業で結婚式の司会まで始めることになった母。

結果的に、結婚式の司会業は母の天職になりました。

ただ、当時は外注という形で請け負っていたので、結婚式の司会者が新郎新婦さまと打ち合わせをするのは、式の1週間前にたった一度だけ。式場から渡された進行表を基に、肩書や紹介文の確認をする程度でした。

でもおしゃべり好きな母は、そこでお二人と様々なお話をします。すると、「この結婚式は本当に二人がしたい結婚式だったのかしら？」と思うようになったと言います。

「今まで苦労をかけたご両親に感謝を伝えたいと言っていた新郎さまに、最後の花束は義理のご両親ではなく、ご自分のご両親に渡させたい（当時は、これからよろしくお願いしますという意味を込めて、自分ではなく相手側のご両親に花束を渡すことが多かったのです）」など、進行にも違和感を抱くことがあったそうです。ですが、母は結婚式場から依頼を受けて司会を務める出入り業者の一人。決められた進行に口出しすることなどできませんでした。

多くの新郎新婦さまにとって、結婚式は初めての経験です。当時はまだ結婚式は両家のものだったので、ご両親が主体となり、お二人が内容に口を挟むということはあまり多くありませんでした。さらに、今ならインターネットを使って情報を集めることができますが、当時はまだそんな時代ではなかったため、新郎新婦さまは、「結婚式とはこういうもの」という、結婚式場の提案にうなずくほかなかったのだと思います。

しかし、お二人にとってはたった一度の結婚式。「この人に感謝の気持ちを伝えたい」「こんなことをやってみたい」など、お二人が望んでいることがきっとあるはず。それを叶えてあげることができたら――。

そこで、自ら結婚式をプロデュースする会社を設立したのです。１９９６年、母が48歳のときでした。

今から30年前、当時はホテルで結婚式を挙げるのが王道でした。岡山市内にある大きなホテルでは、1日に20組もの結婚式が行われていたそうです。

とはいえ、ホテルのメイン客は宿泊、次に宴会。婚礼は3番目という位置づけだったため、設備もサービスも今のように整ってはいませんでした。花嫁支度は鏡がずらりと並んでいる大きな美容室で行われ、新婦さまは1番さん、2番さん、3番さんと番号で呼ばれていたのです。メイクもヘアセットもすべてが流れ作業。「はい、これ3番さんの頭ね！」と、向こう側からポーンと造花のお花が飛んでくるという、今では考えられないような光景が繰り広げられていました。

そんな戦場を経て始まった披露宴も、パーティション1枚だけで隔てられているところが多く、新婦さまがご両親に感謝のお手紙を読んでいると、隣から余興のカラオケが聞こえてくる、というまるでハチャメチャな状態でした。

新しい時代の幕開け

母が独立した27年前は、そんな結婚式に対して疑問を持つ人たちが少しずつ増え始めた頃でした。ホテルが行うステレオタイプの結婚式から、自分たちのやりたいスタイルを取り入れた結婚式へと変わろうとしているときだったのです。

母は今までしていた化粧品の販売も、エステサロンも、リサイクルショップも、最後まで残していた薬品販売もすべて辞め、この仕事1本でやっていく決意をしました。

今思うと相当無茶な挑戦だったと思います。司会者として結婚式に携わることはあっても、プロデュースなんてしたことはありません。

母の暴走を心配した父親から、「おまえ、今の仕事を辞めてお母さんのことを手伝ってやれ」と言われましたが、私自身も当時は地元の広告代理店の営業職に就き、毎日忙しく飛び回っていた頃で、仕事にやりがいも感じていました。ただ、父の気持ちもよくわかる。そこで「週末に手伝うくらいだったらいいよ」と、事務所の店番を手伝うことにしたのです。26歳のときでした。

母が最初に目を付けたのは、翌年、倉敷駅北口にオープンしたチボリ公園です（2008年閉園）。「ここで園内ウェディングを受注する」と、公園側から依頼もされていないのに、勝手に決意。すぐに公園の側に小さなテナントを借りてしまいました。

その頃の母は怖いものなし。工事中の公園に建てられた準備事務所に何度も足を運び、無事園内でのウェディングを現実にしたのです。

週末に店番をしていると、結婚式を終えた新郎新婦さまがよく事務所に顔を出してくれました。そして、母を見つけると「本当にありがとうございました。私たち、一生忘れません」と涙を流しながら母に抱き着いてくるのです。広告の仕事で様々な業種の方とお付き合いはありましたが、お客さまと担当者が抱き合って喜ぶ、なんてことはまずありません。でも、お客さまにとって人生の節目となる結婚式では、ビジネスという垣根を越えて人と人との付き合いが生まれる。こんな仕事は他にはないのかもしれない。

夢を実現し、輝く母の姿を見ながら、「この仕事、悪くない」と心が傾き始めました。時を同じくして、ちょうど業界が変わろうとしていた時期。とてもわくわくした当時の気持ちを今でも鮮明に覚えています。

結婚式を見ずに、二人を見る

大事なのは「二人が幸せであり続けること」

28歳のとき、結婚を機に、それまで勤めていた広告代理店を退職。母の会社なら、子育てをしながらでも働けるのではないかと、サムシングフォーに入社しました。

本格的に始めてみると、ウェディングプロデュースという仕事は思った以上に楽しく、私はこの仕事にすっかり夢中になりました。「どんな結婚式だったら二人らしいものになるか」を新郎新婦さまとじっくり話し合う。今の「夫婦の理念」作りの素地になるような打ち合わせを行い、結婚式のテーマを決め、演出や装飾を考えていく、完全オリジナルウェディングです。あるときは、看板業者と打ち合わせをし、テーマを描いたパネルボードを作る。またあるときは、ゲレンデで知り合ったお二人を演出するために人工雪を降らせる――。ないものはすべて自分たちで手作り。自社会場がないことを強みと考え、レストラン、ゴルフ場、遊園地、公園……「ここなら結婚式をできそう」と思えるところに足を運び、常にアンテナを張り巡らせ、会場ハンティングを行っていました。

そして、チボリ公園のほかにも、倉敷の歴史的建造物や年に一度就航する大型外洋客船での瀬戸内海クルーズウェディングなど、様々な場所を開拓していったのです。

母が創業時から大切にしていたことがあります。

それは、いかに「一瞬を一生忘れないものにするか」ということ。

いつか結婚式は遠い思い出になる。だから、一生忘れられないような景色を見せてあげたい。そういう思いがあったのだと思います。結婚式が終わったら「はい、終わり」ではなく、お二人が幸せであり続けることを願っているからこそ、「結婚式」というこの瞬間が二人を長く支えてくれる糧になることを願っていたのです。それは二人をよく知っていなければできないこと。だから母はよく「結婚式を見ずに、二人を見なさい」と言っていました。

結婚式場を「結婚式をする場所」と捉えていたら、結婚式というイベントの成功がゴールになってしまいます。それは間違いではないけれど、母の考え方は少し違いました。

結婚式はお二人の幸せを凝縮した場であり、3時間という限られた時間の間に、どれだけ二人がそれを受け取れるかが大事であることを、母は結婚式を通してお二人に伝えていたのでしょう。

思い出される場面があります。とある結婚式の終盤、これから「花嫁の手紙」だというときに、手紙に目を落とす新婦さまに向かって、司会をしていた母はマイクを通してこう言いました。

「ちょっと待って。手紙を置いて、まずは顔を上げてみて」

新婦さまの顔が上がります。

「前を見て」

「誰が見える？」とは聞きません。顔を上げた先に見える人が誰かをわかっているからです。「今、あなたの目に映る人に今の気持ちを伝えてみて」とも言いません。ただ、「手紙を読むこと」が大切なのではなく、今しかない「気持ちを伝えること」が大切で、今この瞬間のご両親の表情を目に焼き付けてほしい、そう思っていたのでしょう。

「頑固で厳しい父なんです」とうかがっていたお父さまの目に涙がにじんでいました。

それを見た新婦さまは、はっとした表情を浮かべ、手紙を握りしめたままポロポロと涙を流し出したのです。少しの間沈黙したあと、新郎さまに促され、新婦さまは「お父さん……」と手紙を読み始めました。

段取りにとらわれ、手紙を読むことに重きを置いてしまうと、その手紙が何を伝えるためのものだったのかを忘れてしまいます。今この瞬間、育ててくれたお父さま、お母さまの顔をしっかり見て、その姿を目に焼き付けることができれば、生涯忘れることはない。これから始まる結婚生活で、二人がぶつかり合うことがあっても、あのときのあの瞬間のご両親の顔を思い返せれば、「私たちの幸せを心から願っている人たちがいる」と立ち戻れるかもしれません。

すべてはこれからの二人の幸せのために――。それが母が考える結婚式の本質でした。

母は二人が幸せであり続けるための結婚式をいつも考えていました。これは大事だと思ったら、進行を無視していきなりインカムで「今すぐお花を一輪持ってきて！」と指示を出します。言われたこちらは理由など聞いている暇はありません。そして、そのたった一輪の花で、お二人が一生忘れられないようなシーンを作り出すのです。

「結婚式を見ずに、二人を見る」

この言葉は数えきれないほどもらった、母からの大切な贈り物の一つです。

挑戦、そして撤退

念願の自社会場。しかし……

2005年、ちょうどお腹に二人目の子どもを授かった頃、やはりいつかは自社会場を持ちたいという夢への道が開きつつありました。以前勤めていた会社のオーナーが所有していた、かつて美しい庭園を有した料亭の跡地を結婚式場にするという話が進んだのです。

しかし、当時の私は妊婦の身であるうえに、なんの実績もありません。銀行との交渉事にも経験がなく、資金力もありませんでした。そこで、父の知人がオーナーとなり、資金面をサポートしてもらう形でスタートを切る、という話が持ち上がります。

長男を出産し、退院したその日に呼び出された私は、「お母さんはもう歳だから、おまえに覚悟があるなら協力する」という言葉に、「ぜひやらせてください」と返事をしました。こうしていち司会者から始まったサムシングフォーは、自社会場を持つという夢の扉を開くことになったのです。

長年の夢だった自社会場を手にした私たちは、これからは会場の制限もなく、より自由に結婚式のプロデュースができると心躍らせていました。時代はちょうどゲストハウスウエディングが流行っていた頃。緑深い森の中にある隠れ家のような建物は、まさにうってつけの空間でした。しかし、同時に市場も活発になり、結婚式の組数を増やしていかなければ勝ち残れない時代に突入していきます。

次第にオーナーからの要求も高くなってきました。やり方の違いやお互いの思惑がすれ違う日々。組数が増えても、私たちが創業以来大切にしてきた「結婚式を見ずに、二人を見る」の思いを変えることなく、現場と向き合う多忙な毎日が過ぎていきます。

朝早く保育園に二人の子どもを連れていき、お迎えはいつも決まって最後。私が子どもたちと園を出ると同時に、室内の照明がパチンと消える……そんな毎日を送っていました。とはいえ他のスタッフより早く帰らせてもらっていたので、そのしわ寄せはすべてスタッフにいきます。マネジャーとしての役割も不十分な私への風当たりが徐々に強くなっていきました。私は、次第に自分の居場所がなくなっていくのを感じていたのです。

人生のどん底期に私の前に現れた根性花

数年後、母が病に倒れ、求心力を失った組織は分解していきました。最終的には8年間いたこの場所を立ち去ることになります。

撤退を決めたその日、その報告をするため母の家へ向かうとき、外には雪が降っていました。絶望感の中雪道を歩いていると、遠くに赤いものが見えてきます。近寄ると、それは山茶花《さざんか》の花でした。

こんな寒い日に——。

その話を母にしたところ、「山茶花はね、1年でいちばん寒いときに咲く花なのよ。寒さに負けないで咲き続けるなんて根性あるわよね。桜のように春にふわっと咲く花もいいけれど、同じ花ならこういう咲き方のほうがかっこいいと思わない？」

母らしい慰め方です。このときの母の言葉を今も忘れられません。

そしてこの山茶花の花が、のちにオープンすることになる倉敷の自社会場、「Ｔｈｅ華紋」のロゴマークになるのです。

その時の山茶花は母の死後、一株だけ会場内の庭に移植し、今も毎年冬になると赤い花を咲かせてくれています。

倉敷で再起をかける

倉敷で出合った素敵な建物

岡山市内の式場を去った私は、最初に母が立ち上げた倉敷のプロデュース会社に戻る選択をしました。細々とではありましたが、設立当初に母の仕事を手伝ってくれていた人が、今も仕事を続けていてくれたからです。

ここで1からやり直そう。

しかし、現実はそう甘くありませんでした。そこでもまた、結果的にみんなが私の元から去っていったのです。私は、「どうして？　私が何をしたっていうの？」と深い憤りを感じました。けれど無理もありません。8年もの間任せっぱなしにしていたのに、のこのこと帰って来た私は、皆にとってきっと自分勝手に映っていたのだと思います。

けれど落ち込んでばかりもいられません。自分が動かなければ何も始まらないのです。「頑張るしかない」、そう自分を奮い立たせ、どんなに小さな仕事でもいいと、今あるものでできることは何かを洗い出し、資金繰りをしながらプランを作り、エージェントをまわる。まさに寝る間を惜しんで奔走する毎日でした。

そんな中、倉敷の美観地区にある、江戸時代に建てられたという築230年の趣のある建物と出合いました。

「ここだ！　ここなら勝てる！　ここを会場にしたい」

美観地区では珍しい、ある程度の面積と奥には立派な日本庭園を有する建物。

ずっとイメージしていた世界観を実現できる場所。

ただ、当時のサムシングフォーは債務超過の状態なうえ、経験者ゼロ、従業員は私一人。月に一組あるかないかの結婚式のプロデュースを行いながら、なんとか食いつないでいる、という状態。とうてい無理な話です。

そんなとき、母から1本の電話が入りました。

「今から通帳記入をしておいで」

言われるままに銀行に行くと、500万円もの金額が振り込まれています。「振込人」には母が昔からお世話になっている知人女性のお名前が記載されていました。「サムシングフォーさんの夢を応援したい、担保も利息もいらない。返済は返せるようになったらでいいから」と。情けないやらありがたいやらで、様々な感情が沸き上がって、私はその場で泣き崩れてしまいました。そして、「絶対にすぐに返す！」と心に決めて、助けていただいたのです。しかしこの恩恵は、私ではなく母だから受けられたもの。応援してくれるすべての人たちに私を応援してよかったと言ってもらいたい。私は改めて、「負けるもんか！　自分の力だけでやってやる」、そう心に誓ったのです。

2カ月でオープン、無謀な計画

苦労した資金もなんとか目途が立ち、10月のオープンに向けて会場工事が始まりました。その年の4月に前の会場を撤退、7月に建物の契約をし、8月に着工。完成までの2カ月は毎日がドタバタでした。

施工は建築業の弟に依頼しました。完成と同時に結婚式ができるように、弟が描いた手描きのパース（完成予想図）を結婚情報誌の広告に使用し、宣伝活動を即スタート。実物はまだ完成していなかったけれど、私には絶対にこの会場ならいける、お客さまが集まるはずだという確信がありました。

とはいえ、無謀な計画だったのは事実です。通常であれば、式場を作っている間にスタッフを確保し、教育研修を行うなどの準備をしなければなりません。しかし、なにせ工事期間はたった2カ月。

加えて、なんといっても築230年の建物です。構造上の問題が次々と出てくる。最後の数日は、私も職人さんたちと一緒に徹夜で泊まり込み状態に。資金がショートするまでにはなんとかオープンさせないと、少しでも早くスタートしないと、と必死でした。私の人生において後にも先にもこんなに濃密な2カ月はなかったと思います。

10月。多くの人々の協力をいただき、なんとか最初の結婚式を行うことができました。当日のことはほとんど覚えていないくらいでしたが、ここで1番目に結婚式を挙げられたご夫婦とは、今もよいお付き合いをさせていただいています。

いつだったか、「どうしてうちで結婚式を挙げてくださったのですか?」と尋ねてみたところ、「だって、岸本さんがあまりにも一生懸命だったから(笑)」と、当時の私の必死さを面白おかしく教えてくれました。

こうしてサムシングフォーは再び立ち上がったのです。

企業理念を作って気づいたこと

経営は上々でもスタッフから笑顔が消えた

無事に式場はオープンできたものの、それから数年は課題が山積みでした。会社として軌道に乗せていくには、とにかく一組でも多く結婚式を受注していくしかありません。「私が頑張らなければ」と、集客から当日の担当、さらには司会者までと、1から10まで自分で行う多忙を極める日々。その甲斐あって、経営は徐々に右肩上がりになっていきました。しかし、忙しさを理由に、スタッフ一人ひとりときちんと向き合うことができていなかったのです。

その歪みは、私が気づかないうちに少しずつ現れ始めていました。

最初のきっかけは、スタッフの疲弊です。研修もままならないまま現場に出ていたのは、ブライダルの専門学校を卒業したばかりの若い子たちでした。スタッフの数も十分に確保されていない中、「お客さまのために」と毎日長時間働いていたのです。

この状況を見かねたスタッフの親御さんが、「あなたはうちの娘を殺す気ですか」と会社に乗り込んできたこともありました。

でもそのときの私は、「この仕事をやりたくて入社したんですよね。プランナーの仕事とはこういうものだとわかっていたはずです」と、どこまでも強気でした。

あの頃の私は、自分の元を去っていった人たちを「見返してやりたい」という気持ち、「一人でもやれるんだ」という意地だけで突っ走っていたように思います。自分の力だけで成功してみせると、躍起になって周りが見えなくなっていたのです。

気がつくと、組織はバラバラになっていました。

会社にとって経営者は鏡のような存在

結婚式場には、ウェディングプランナー、料理、衣装、美容、花などいろいろなセクションがあり、当日はこれらが一つになって結婚式が完成します。どこが欠けてもダメだし、チームとしての連携が欠かせません。

でも、当時の私は、経営者ではなく自らがプレイヤーとして走り回っていたので、各セクションの仕事は現場に任せっぱなしでした。「とにかく頑張って」と言うだけ。私自身が目の前の仕事をこなすことで精いっぱいで、スタッフと向き合う余裕などありませんでした。

進行、料理、衣装……、どのセクションにもその分野のプロがいて、それぞれが誇りを持って仕事をしています。しかし、そもそも私自身が「会社をこうしていきたい」という目標をみんなと共有していなかったので、いつしかセクション間にパワーバランスが生まれていました。

そのフラストレーションの矛先は、経験の浅いスタッフへと向かっていきます。結果、スタッフがどんどん疲弊し、次々と去っていってしまったのです。

このままでは組織が分解してしまう。ギリギリのところでようやくこの危機的状況に気づいた私は、経営を立て直すべく、人材育成のコンサルティング会社の扉をたたくことになります。ここでの学びは、私に大事なことを気づかせてくれました。

それまでの私は、「どうして自分はこんなに頑張っているのに、周りは理解してくれないのだろう」「なんで足を引っ張られるのだろう」と、被害妄想でいっぱいでした。でも、社員が辞めていくのも、セクションの連携がうまく取れていないのも、すべて経営者である私に原因があったのです。結局、会社にとって経営者は鏡のような存在で、経営者が変わらなければ会社は変わらないのです。

その日から私は、会社経営とは何か、経営者とは何をすべきかを夢中になって学び始めました。

社員を一つにするために必要だった共通の目標

振り返ってみると、今の私の仕事は、母を手伝うことからスタートしました。それからは母の背中を見ながら「すべては新郎新婦さまのために」と奔走する毎日。その後、自社会場を手に入れたくて共同経営という形を選択しましたが、うまくはいきませんでした。その悔しさをバネに再起を図ったものの、自分のことで精いっぱいで、会社組織として目標を掲げ、それをみんなで成し遂げていくという感覚が欠けていたのだと思います。だからスタッフたちは何を目指していいのかわからず、それぞれの立場を主張するだけで、チームとしてよい結婚式を創り上げていくことができなかったのです。

ここで初めてサムシングフォーとして「企業理念」を作ることになります。

企業理念を作るにあたり、私は改めて母がどんな思いでこの仕事を始め、どんな未来を思い描いていたのか。自分たちはなぜこの事業をしているのか、誰に何を貢献したいのか、それによって何を成し遂げたいのかをじっくり考えました。

そのときに、母が亡くなった後、創業当時に結婚式をプロデュースした奥さまからいただいたあの手紙の内容を思い出したのです。

「結婚してから20年以上、つらい日々もあったけれど、自分たちは頑張って幸せになりました。直接伝えられなかったのは心残りですが、あのときの約束を果たすことができました」


どうしてそこまで思ってくださるのかな、と考えてみると、このご夫婦にとって母は、ただ結婚式を担当してくれた人ではなくて、「自分たちの幸せを心から願ってくれた人」という思いが強かったのではないか――そう思ったのです。


サムシングフォーでは創業時から毎年、結婚式が終わったご夫婦やご家族を招待して、クリスマスパーティを開催していました。

「結婚して子どもができると、なかなか夫婦で出かけることってなくなっちゃうのよね」

母のこのひとことで始まり、続いていたイベントです。
子どもたちを連れてくるご夫婦の目的は、お子さまを母に抱いてもらうこと。まるで母に抱き上げられると何かご利益でもあるかのように、次から次へと子どもたちが母の腕に渡されます。そして母は、「パパとママを二人にしてあげようね～」と言いながら、子どもをさらっていくおばあちゃんでした。
当初は母が好きでやっていることのように見えていましたが、この手紙を読んで気づいたのです。母のすべての行動は「二人の幸せを願ってのものだった」ことを。

つまり、この会社は創業時から「二人が幸せであり続けること」を大切にしていたのです。そのかかわり方はとても本質的で、それがサムシングフォーの根本なのだと。私は母のように温かく包み込むようなタイプではないけれど、新郎新婦さまとは同じような思いでかかわっていきたい。そう強く思いました。

幸せを創造し
人生を豊かに

「私たちはお客様の人生に寄り添い深く理解し思い出になった時まで想像をめぐらせ、新しい家族の糧になる幸せの形を創造します。心豊かで幸せな家族がこの社会をより明るくしてくれますように。私たちは相手の幸せを自分の幸せとし、社員・かかわる人すべての幸せに貢献し人生を豊かにする企業を目指しています」

これがサムシングフォーの企業理念です。

私たちが提供しているものの価値は、「幸せ」というごく身近にあり、人生をかけて求め続けるものでもある、つかみどころのないものです。

各セクションの仕事は、プロデュースであったり、料理を作ることであったり、会場を飾ることであったりとそれぞれ違うけれど、新郎新婦さまはもちろん、その場にいる人みんなの幸せを願うという点では同じです。だから、どの仕事も尊いし、どれ一つとして欠けてもいけない。その相乗効果で生まれるものが、サムシングフォーが創る結婚式だということ。母が姿勢として見せてくれたものが、明確な言葉として会社の理念になったのです。

理念は作って終わり、というものではありません。スタッフ全員に浸透してこそ、初めて意味を持ちます。そこで理念が書かれたカードを作り、スタッフ全員に渡すことにしました。そして、朝礼などの場で唱和したり、スタッフミーティングで共有するなど、様々な方法でスタッフ一人ひとりの心に刻んでいったのです。

理念ができてから、会社の雰囲気が驚くほどよくなりました。また、一つの指針ができたことで、みんなの自信にもつながりました。もちろん、日々の業務の中ではいろいろなことが起こります。でも、何かうまくいかなかったときに、どうすればいいか迷ったときに、立ち戻れる目印があるのは心強い。理念が定まったとき、本当の意味でサムシングフォーは再出発ができたのだと思いました。

会社に理念があるように、夫婦にも理念を

二人の支えとなる「立ち戻れる言葉」を作る

ある日、お世話になったコンサルタントの方とこんな話をしました。

「この世には結婚式場が数えきれないほどあるけれど、究極の結婚式場って何ですかね？」

すると、その方は「この結婚式場で結婚式を挙げたら離婚しないっていうのが、究極なんじゃないですか」と冗談交じりに答えたのです。

逆のぼること2014年、ちょうど倉敷の美観地区に式場をオープンできるかどうかの瀬戸際のときのこと、元夫との夫婦仲は最悪な状態でした。「私はこんなに頑張っているのに、周りは足を引っ張ることばかりする」と、被害妄想に取り憑かれていた私は、夫婦仲の悪さはすべて夫のせいだと思っていました。

「夫婦がうまくいかないのは夫のせい」

「問題ばかり起きるのはスタッフのせい」

すべてを周りのせいにして、ただ不満をぶつけていたのです。

けれどその後、企業理念を作ってから、会社の雰囲気がみるみる良くなりました。そのとき、私は大事なことに気づいたのです。

会社を継いだから経営者になれるわけではない。社員全員のために会社を発展させていってこそ、本当の経営者なのだ。

同様に、結婚が幸せを運んでくれるわけではない。結婚というものを二人が幸せなものにしていくのだということを。だったら、夫婦にも同じように明確な指針が必要なのではないだろうか――。会社に理念があるように、夫婦に理念があってもいいのではないか。二人の未来の支えとなり、何かあったときに初心に戻れる、「夫婦の理念」。

私たち夫婦はすでに時遅しで、離婚という選択をしましたが、これまでのたくさんの試練は、私にそのことを気づかせるために必要な経験だったのかもしれません。

第4章

「夫婦の理念」ができるまで

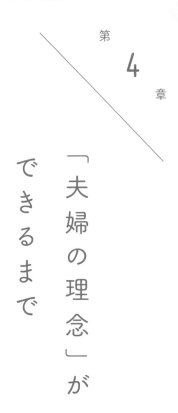

結婚式の準備期間は、夫婦になるための準備期間

夫婦にも初心に立ち戻れる指針を作っておく

「理念」という言葉を聞いて、真っ先に浮かぶものと言えば、「企業理念」ではないでしょうか。または、学校などで「教育理念」という言葉を使うこともありますね。いずれも何か組織に属する人たちが同じ方向へ向かうための目標や指針であったり、事業や計画などの根底にある考え方だったりをいうときに使う言葉です。

母が一人で始め、私が手伝う形でスタートしたサムシングフォーは、そのときどきで目の前に現れる「新しいこと」にチャレンジすることを目標にしていたため、改めて理念というものを作ってはいませんでした。その後、会社として成長し、スタッフの数が増えるにつれ、各セクションが考える「喜んでいただきたい中身」に少しずつ歪みが生じてきました。ウェディングプランナーは新郎新婦さまの願いをできるだけ叶えてあげたいと思うし、司会者やキャプテンは滞りなく式を進行することが重要です。さらに、料理セクショ

ンは温かいうちにスープを飲んでいただきたいと思う。そもそもこの業界にいる人は、「新郎新婦さまに喜んでいただきたい」という思いで仕事をしている人がほとんどです。どのセクションのスタッフも新郎新婦さまとゲストを喜ばせたいという思いで仕事に取り組んでいることに変わりないのに、何か一つ歯車が狂うと、他のセクションにしわ寄せが生じてしまう。そんな状況では、組織はまとまっていきません。

そこで作った「企業理念」。

たった数文字の言葉がこれほどまでに会社を変えるとは、私自身思ってもみませんでした。企業としての指針が示されたことで、それまでバラバラだったセクションが「新郎新婦さまの幸せのために」協力し合うようになりました。そして、気がついたのです。私たちは各分野のプロであると同時に、お互い協力し合う同志であることを。

夫婦は社会の最小単位です。恋愛の延長線上に結婚（夫婦）があるイメージなので、「理念」という言葉からはいちばん遠いところにいるように見えますが、実は夫婦にこそ必要なものではないか。

会社の理念を作った際、母がどんな思いでこの仕事を始めたのか、何を大切にしてきたのか過去を振り返ることから始め、企業としての在り方や目指すもの、未来を考えていきました。そして、それを言葉にまとめたことで、自分たちが向かっていく道が明確になりました。それと同じことを夫婦でもやってみるのです。

そう、目的は同じで、夫婦も協力し合う同志なのです。

結婚式は大事、でもその先の二人の人生はもっと大事

幸せになりたい——。

誰もがそう願って、結婚します。しかし、「幸せ」とはとても曖昧なもの。とくに今は生き方も多様化していて、何を以《もっ》て「幸せ」と感じるかは人それぞれです。

だからこそ、そのバックグラウンドとなるお互いの過去を知っておくことはとても大事だと思います。そして、そこから生まれたそれぞれの価値観を認め合い、すり合わせ、そのうえで夫婦として「どんな未来を描いていきたいか」を共有していく。

一般に結婚式の準備には半年から1年の期間を必要とします。ゲストに誰を呼び、どんな食事を提供し、どんな演出をするかを考えることももちろん大切ですが、それはあくまでも結婚式のためのもの。たった3時間の挙式・披露宴のためにそれだけの時間を費やす

のであれば、その時間を結婚式だけのためではなく、「夫婦になるための準備期間」として、お互いの人生を棚卸しし、二人のこれからを考え、二人が目指す未来を共有する時間にしていけたら、そう考えました。

これまで多くの結婚式を見守ってきて思うのは、結婚式当日ももちろん大切ですが、「これからの二人の人生」のほうがその何十倍も大切だということ。結婚式が終わり、二人が荷物を持って帰っていく姿を見送りながら、「ここから二人の人生が始まるんだな。これからもずっとずっと幸せであってほしい」と、私はいつも願い続けていました。

実際、今も最後は祈ることしかできないのですが、二人の未来の指針となるものがあれば、もっと自信を持って見送れるはず。そして、二人の水先案内人に、お二人の人生の節目となる結婚式をプロデュースする私たちウェディング業界の人間がもっとも適しているのではないかと思うのです。

「夫婦の理念」を作る

ありたい未来を明確にする

「夫婦の理念」作りを始めたのは、2017年からです。「結婚式の準備期間は夫婦になる準備期間でもある」と考え、私たちプランナーが、お二人の生い立ちからなれそめやお互いの第一印象など、これまでの人生の棚卸しのお手伝いをしながら、これから二人の人生をどう歩んでいきたいのかを新郎新婦さまが話し合って、お互いの価値観を知り、それぞれの思いを共有する。その中で生まれてきた言葉《ワード》を「夫婦の理念」にして、その言葉を補うメッセージとともに、二人の夫婦生活の「指針」として可視化していきます。

もともと私たちは、結婚式のお手伝いをする際に、新郎新婦さまの生い立ちやこれまでどのように過ごされてきたのかなどをヒアリングさせていただき、それを結婚式の演出などの参考にしていました。しかし、「夫婦の理念」作りは、それとは少し違います。前者はあくまでも「結婚式の中身」を考えるものですが、「夫婦の理念」はこれからの二人の未来の指針を決めていくものだからです。

お二人がお互いをもっとよく知るためのワークシート

サムシングフォーの婚礼プランニングでは、初回の打ち合わせで私たちがなぜこの取り組みを始めたのか、これをやることによって何が得られるか、「夫婦の理念」について説明をさせていただいています。あくまでご提案なのですが、今では約8割の新郎新婦さまが「夫婦の理念」作りをご希望されています。

「夫婦の理念」作りは、サムシングフォーオリジナルのワークシートを使って進めていきます。ワークシートには新郎新婦さまそれぞれに「名前の由来」「家族構成や家族との思い出」「両親について」「学生時代のこと」、「座右の銘」や「人生のターニングポイント」などを記入する欄が設けられています。また、お二人の共通事項として、「お付き合いのきっかけ」「プロポーズのこと」「忘れられない出来事」「好きなところ、直してほしいところ」「理想にしたい夫婦」、さらには「年老いたとき、どんな夫婦と呼ばれたいか？」などの質問にも答えていただいています（96、97ページ参照）。

新婦

- 名前の由来
- 家族について（家族構成／家族との思い出）
- 両親について（一言でいうとどんなお父さん？どんなお母さん？／両親はどんな存在？）
- 幼少・小学生（どんな子だった？／思い出）
- 中学生・高校生（打ち込んだことは？／思い出）
- 大学生・専門学校生（専攻は？／思い出）
- 社会人（どんな仕事を経験したか？／現在の職業は？／あなたにとって仕事とは？／社会人になって自分が変わったと思うところは？）
- 好きな言葉・座右の銘
- 趣味・特技
- あなたの夢
- 結婚をしようと思った理由はなんですか？（結婚することでどんな変化があると思いますか？）
- 感謝している人（これまでの人生で一番感謝している人は誰ですか？／その理由は？）
- 人生のターニングポイント（これまでの人生を振り返って、ターニングポイントはいつですか？／どんな内容ですか？）

- 好きなところ、直してほしいところ
- 2人のルールや約束事はありますか？
- 夫婦仲良くいるために必要なことは？
- 2人の幸せ（幸せを感じる瞬間はどんなときですか？）
- 理想にしたい夫婦は？どんな家庭が理想？
- 年老いたとき、どんな夫婦と呼ばれたい？
- どんな結婚式をしたい？

「夫婦の理念」ワークシート質問内容

新郎

- 名前の由来
- 家族について（家族構成／家族との思い出）
- 両親について（一言でいうとどんなお父さん？どんなお母さん？／両親はどんな存在？）
- 幼少・小学生（どんな子だった？／思い出）
- 中学生・高校生（打ち込んだことは？／思い出）
- 大学生・専門学校生（専攻は？／思い出）
- 社会人（どんな仕事を経験したか？／現在の職業は？／あなたにとって仕事とは？／社会人になって自分が変わったと思うところは？）
- 好きな言葉・座右の銘
- 趣味・特技
- あなたの夢
- 結婚をしようと思った理由はなんですか？（結婚することでどんな変化があると思いますか？）
- 感謝している人（これまでの人生で一番感謝している人は誰ですか？／その理由は？）
- 人生のターニングポイント（これまでの人生を振り返って、ターニングポイントはいつですか？／どんな内容ですか？）

2人で記入

- 出会い・交際（出会い／付き合い始めた日、そのきっかけ）
- 第一印象（新郎から見た新婦の第一印象／新婦から見た新郎の第一印象）
- デートの思い出
- 嬉しかったこと
- プロポーズ（いつ、どこで？／どんなシチュエーション？）
- 忘れられない出来事
- お互いの性格（新郎から見た新婦の性格／新婦から見た新郎の性格）

さらに、「夫婦に必要な価値観」を探るための質問も。「愛」「感謝」「自由」「信頼」など約50項目の中から、夫婦にとって必要な価値観だと感じる言葉をそれぞれ三つ選んでいただき、なぜその言葉を選んだのか、理由を聞きながら二人の間で対話を深めて共通する部分を見つけます（99ページ参照）。ほかにも、第2章で紹介した「5つの愛情表現」を見極めるためのチェックリストなども使用します。

初回の打ち合わせ時にそれらのワークシートをお渡しし、次の打ち合わせの数日前までに提出。それを見ながら「このお二人が大事にしているものは何か」「どんな未来を思い描いているか」など、ポイントになるものを私たちがマークしていきます。

やり方に決まりはありませんが、図解にしてポイントとなる内容を整理しているプランナーもいます。

3時間におよぶ対話から見えてくるお二人にとっての大切なこと

そして、2回目の打ち合わせで、このワークシートを基に、お二人へのさらなる質問を重ねます。どんな結婚式を挙げるかに加えて、ご夫婦のこれからの指針となる「夫婦の理念」を話し合う大切な日。私たちはそのプロセスに2〜3時間かけて、じっくりゆっくり

夫婦に必要な価値観

それぞれ、夫婦に必要な価値観だと感じる言葉を下のリストから3つ選んで○をつけてください。

愛	純粋	平穏
温かさ	慎重	奉仕
笑顔	挑戦	誇り
思いやり	自由	前向き
感謝	信頼	真面目
完璧	信仰	約束
協力	正義	優しさ
共有	成長	安らぎ
希望	誠実	許し
素直	責任感	夢
謙虚	善良	喜び
献身	楽しさ	礼儀
健全	冒険	上質
向上心	忠実	効率
公平	努力	譲歩
正直	忍耐	配慮

お二人の人生を紐解いていきます。

なぜそこまでいろいろなことを聞くの？　と思われるかもしれませんね。それは、これから生活を共にするパートナーについて、お互いをもっと知っていただきたいからです。ここが、「結婚式のための打ち合わせ」と「夫婦の理念作りの打ち合わせ」の大きく違う部分です。結婚式で新郎新婦さまそれぞれの経歴をご紹介するためのものなら、二人の生い立ちやご両親のことにここまで時間を割かないかもしれません。ただ、私たちは「結婚式を見る前にまず二人を見る」をポリシーとして、お二人の幸せ作りのお手伝いをさせていただいています。だからこそ、この3時間の打ち合わせが大切なのです。

例えば、「小さい頃にこんな出来事があった」「学生時代にこんなことをしていた」といったエピソードそのものはすでに聞いていたことでも、そのときにどんな気持ちだったか、どんなにうれしかった（もしくは悔しかった）か、などを踏み込んで聞いていきます。これまであまり聞くことのなかったパートナーの思いを知ることで、お互いの理解がより深まっていく。二人が心から共感できる理念になるためにはこのプロセスが重要なのです。

第三者である私たちになぜそこまでプライベートなことを話さないといけないのか、と躊躇《ちゅうちょ》する気持ちもあるかもしれません。しかし、**私たちに話すのではなく、私たちを間に**

おくことで、二人がお互いの気持ちを伝えやすくなっているということが大事なのです。

これはあくまでお二人の対話です。

私たちは案内役として、お二人の考えを整理し、質問することによって、新郎新婦さまの中にある「夫婦の理念」の基になる材料を引き出していくのが役目。決して、私たちの好きな言葉や耳触りのいいワードを押し付けるようなことはしていません。

ご覧いただいたとおり、ワークシートではいろいろなことを答えていただきますが、中でも「夫婦の理念」を作る際に鍵となる質問が、「なぜ結婚しようと思ったか」という質問です。出てきた答えからどういったときにそう思ったのかなどを具体化していくと、「だからこの人と結婚するんだ」という確信にたどり着けます。

また、「ご両親は理想の夫婦ですか」という質問も重要です。

もし、新郎さま、新婦さまのお答えが、「両親を尊敬している」「両親のような仲良し夫婦になりたい」といったものなら、それがその方の「結婚観」「描いている夫婦像」に近いことが多いため、ご両親についてさらに詳しく質問を続けます。

逆に、「理想ではない」と答えられた方には、「夫婦とはこうあるべき」というしっかりした結婚観、理想の夫婦像を持たれている方が多いので、その場合もご両親のことを詳しくお聞きします。もちろん、中にはあまり触れてほしくない、という方もいらっしゃいます。ただ、よくも悪くも、両親は自分たちにとっていちばん身近な「夫婦」で、価値観の醸成に少なからず影響しているため、できるだけお話をしていただけるようにお願いしています。そうすることで、「お二人が本当に大切にしたいことは何か」が見えてくるからです。

結婚は日常の繰り返し。夫婦の関係に馴れ合いが生じ、お互いを思いやれない日も出てくるかもしれない。私は、そんなときに二人が、「自宅に飾ってある言葉をふと見たとき」を想像して理念を作っています（式後、理念を自宅に飾っているご夫婦が多いので）。

例えばケンカをして相手にイラだったとき、もうムリかも……なんて思ったとき、たった一つの言葉が、二人が夫婦である理由、意味を思い出させてくれます。私たちが未来の二人に何かしてあげられることがあるとしたら、結婚式を二人の人生を助ける存在にしてあげること。夫婦の理念がその役目を果たしてくれるのです。

言葉にすることの大切さ

夫婦の理念は対話から生まれる二人の幸せの指針、明確な言葉です。言葉そのものが持っているエネルギーが影響力を持っていると、私は思っています。
「言わなくても伝わっている、長い付き合いだからお互いのことはよくわかっている」なんて言わないでくださいね。

言葉は「言霊」と言います。聖書では「最初に言葉ありき」と言われます。それだけ言葉には力があります。そして、幸せな言葉は幸せを引き寄せてくれる。
例えば呪文やおまじないも言葉。合い言葉や掛け声は不思議と私たちを元気にしてくれます。人はそうやって自分を奮い立たせたり元気づけたり、言葉でより良い未来を作ってきているのです。そう考えると、人生において言葉は、幸せを作るうえで重要な鍵なのかもしれません。

私の場合は「ありがたい」という言葉を意識して使うようにしています。もし困ったことがあったとしても、それはありがたいことなんだと自分に言い聞かせる。

たとえ困ったことが起こったとしても、自分自身が「ありがたいね」という言葉を使うためにその出来事を「ありがたいこと」に頭の中で変換しなければいけないので、「ありがたい」と思えるための解釈を探すようになります。そうやって自分の心を切り替える言葉にしているのです。

何を伝えたいのかというと、二人にとって共通する意味を持った理念の言葉を、ぜひ二人の日常の会話の中で積極的に使ってほしいのです。

先にもお伝えしたように、サムシングフォーの理念は「幸せを創造し人生を豊かに」です。私たちの提供するものは「幸せ」を感じるものでなければいけません。ですので、例えばお料理に少し新鮮味が感じられないと、「このお料理幸せそうに見えないよ」なんて会話が厨房から聞こえたりします。

同じようにお二人の理念を物事の捉え方や考え方に反映させて生活の中に息づかせていくことで、結婚式のためだけに作った言葉ではなく、本当に二人の人生によい影響をもたらしていく「言葉」にすることができるのです。

夫婦の理念①「未完成の地図」

何があるかわからない、予測できない日々を楽しむ

「夫婦の理念」作りを始めた頃はかなり手探りでした。ただ昔、プロデュースをお受けしていたとき、生い立ちやなれそめを聞き、結婚式のテーマを作るときの参考にしていたので、何を聞いたらいいか、何がお二人の考えをいちばん聞き出せるかは、ある程度わかっている自信がありました。

だけど、それを新郎新婦さまに説明するのはなかなか難しい……。招待状をどうするか、お料理をどうするかと聞くだけなら、あえて説明もいりませんが、『夫婦の理念』を作りましょう」と言われても、言われたお二人からしてみたら、「えっ、それって何ですか?」となるのは想定内。加えて、結婚式を控え、幸せの絶頂にいるお二人にとっては大きなお世話かもしれない、という不安もありました。

そこでまず、私がかかわりのあるお客さまにお声がけして、試してみることにしたのです。

最初は今のようなワークシートはなく、すべて私から話を聞き出すというスタイルでした。すると、まったく知らなかったお二人の関係性や価値観が見えてきて、新郎新婦さま同士でもお互いに初めて聞いたエピソードで盛り上がったり、正直な気持ちがぽろっと出てきたりして、とても意義深いものになっていくのを実感するようになりました。

「夫婦の理念」を作ったカップルを何組かご紹介しましょう。

旅が好きで、行った国は60カ国以上にも上るというバイタリティーあふれる新郎さま。小学生のときは水泳で全国大会に出場、現在は好きな分野の研究に打ち込むなど、自分の好きなことは、努力を惜しまずに突き進んできたと言います。

一方、新婦さまは中学校の美術の先生をしながら、通信制大学でデジタルメディアを勉強するなど、新しいことを学ぶことが好き。おだやかな雰囲気の方ですが、いつか海外に移住したいという大きな夢を持っています。

そんな未来の話を二人でしたときに、「この人と一緒だったら、この先、楽しい人生になるかもしれない」と新郎さまは思ったのだと言います。これまでいろいろな国を訪れてきたけれど、新婦さまの「いつか海外で暮らしてみたい」という言葉を聞いて、「和装で結婚写真を撮って、いつかできる海外の友人に日本の伝統文化を紹介したい」とさらに夢が膨らんでいきました。そして、新婦さまもこれから二人でいろいろな経験を共有しながら、お互いの夢が実現できたらいいな、と未来にわくわくしたと言います。

お二人の共通点は、旅行が大好きなこと。すでに一緒に暮らしている新居には、世界地図が貼ってあり、これから二人で行きたい国に印をつけているそうです。そんなお二人のお話から浮かんできたのが「地図」というキーワードでした。

地図にはすでに地名が書かれたものと、まだ何も書かれていない白地図があります。お二人をイメージしたのは、まだ何も書かれていない白地図のほう。

「これからの人生は未知の世界。二人でどうやって頑張っているんだろうね」（新婦さま）

「将来が見えていないことにわくわくする。だって自分たちで決められるってことだから」（新郎さま）

お二人の口から出てきた言葉に、まっさらな白地図を思い浮かべました。未来のことは誰にもわかりません。でも、二人で一緒ならどんなことも楽しめるはず。そんな予測できない未来をも楽しみに変えてしまう。それが、お二人の何よりも素敵な共通点。

そんな二人が選んだのは「未完成の地図」という理念です。

夫婦の理念は、長く幸せでい続けられるように今ではなく先の人生に影響を与えるものであればあるほど良いと思います。**夢は苦難を乗り越える力になります。お二人のように共通の夢を持つということはそれ自体が夫婦をつなげる絆になります。**

お二人の結婚式ではたくさんの旅の思い出が写真展のように飾られました。そしてあとの章で紹介する「夫婦の理念」を軸にしたサムシングフォーのオリジナル人前式「理念式」を最初に行ったカップルでもあります。

実は結婚式後、間もなく新郎さまがお仕事の都合で単身赴任になり、離れて暮らすことになりました。新婚間もない、幸せ絶頂期の予想外の展開。戸惑いがなかったわけではありません。いつか海外で暮らす、という夢が遠ざかってしまったようにも感じました。でも、離れて暮らしていても、「夫婦の理念」という二人の指針があることで、「より絆が深まった」と、後日、新婦さまが話してくださいました。

「夫婦の理念」には、お二人の未来の指針となる言葉を選んだ際に、それを裏付けるためのメッセージを一緒にお渡ししていますが（112ページ参照）、お二人の「夫婦の理念」の中には、「自分たちが進む方向は自分たちが決める　その先に何があるのかわからないけれど　どんな2人になっていくのかわくわくする」というメッセージを入れさせていただきました。

「急な転勤が決まったときも、この理念の言葉を思い出し、予測できないことを楽しんでいこう、と夫婦で前向きに捉えることができました」（新婦さま）

お二人の白地図はこれから少しずつ思い出の文字が綴られ、色がつき、世界でたった一つのお二人だけの地図になっていくでしょう。そして、その地図は永遠に完成することなく、更新されていくのです。

2人に共通すること

- 旅行が好き。
- 自分にはないものを持っている。
- 未知のことも楽しめる。

2人との打ち合わせで出てきたキーワード ❶

これからの人生は未知の世界！
2人でどうやって頑張っているんだろうね。（新婦）

2人との打ち合わせで出てきたキーワード ❷

2人の新居には世界地図が貼ってあり、行きたい国に印をつけている。

2人との打ち合わせで出てきたキーワード ❸

将来が見えていないことにワクワクする。
だって全部自分たちで決められるってことだから！（新郎）

だから2人の地図は永遠に完成しない！

夫婦の理念

「未完成の地図」

何があるかわからないけれど、
予測できないことも
楽しんでいこう！

夫婦の理念「未完成の地図」の場合

新郎

職業	バイオテクノロジー研究
プランナーの印象	心やさしい挑戦者

Q 幼少期学生時代の思い出

A 小学校スイミングで全国大会に出場。

Q 趣味

A 旅行！（行った国は60カ国以上）

Q 結婚しようと思った理由

A 将来のこと、やりたいことの道筋を教えてくれた。将来こういう人と一緒になりたいと思った。全部受け止めてくれる。変わってほしいというようなことを言わないし、求めない。

新婦

職業	中学校の美術の先生
プランナーの印象	わくわく、楽しいが原動力

Q 性格など

A 新しい学びが好き！ 通信の大学院でデジタルメディアを学ぶ。

Q 幸せを感じるときはどんなとき？

A 2人でいろんな経験をしたとき。

Q 結婚しようと思った理由

A 自分にないところがある。頑張りすぎないのがいい。

共通

Q 夢は？

［新郎］和装で結婚写真を撮って、いつかできる海外の友人に日本の伝統文化を紹介したい。

［新婦］海外移住。

Q お互いから見た相手の性格

［新郎から見た新婦］知的好奇心が強い。包容力と共感力がある。飽きやすい。努力家。

［新婦から見た新郎］おだやか。向上心がある。やさしい。

「未完成の地図」

自分たちが進む方向は自分たちが決める
その先に何があるのかわからないけれど
どんな2人になっていくのかわくわくする
それはどんな自分も包み込んでくれる
自分と違うところをたくさん持っている
君とだから　あなたとだから
相手を見つめれば
自分の歩んできた道も見えてくる
そんな2人になっていこう

2人が描く地図はまだまだ完成しない
未完成で愛おしい　2人だけの地図

夫婦の理念②「邂逅」

すでに「理念」の言葉が決まっていた二人

「『邂逅《かいこう》』という言葉を夫婦の理念にしたいんです」

通常、「夫婦の理念」は3時間ほどの打ち合わせの後に、お二人のワークシートや会話から出てきたキーワードを見つけ、選択していきます。ところが、こちらの新郎新婦さまはすでにお二人で「夫婦の理念」を決めていました。

「カイコウって、どの漢字のカイコウですか?」

書いていただくと、とても難しい漢字です。

「思いがけなく出会うこと。めぐりあいという意味なんです」

と新郎さまが教えてくれました。

新郎さまのこれまでの人生はいろいろなことがありました。小学生のときにご両親が離婚。中学生のときに自宅が全焼する火事に遭い、すべてのものを失ったそうです。その後も、お母さまと妹さまが生死をさまようほどの交通事故に遭うなど、大変なことの連続だったと言います。

しかし、どんなときでも不思議と誰かが目の前に現れ、新郎さまを支えてくださったそう。火事で家が全焼してしまったときは、野球部の仲間が私服をくれたり、野球道具を用意してくれたりしました。

「普通に考えると不幸な人生に見えるかもしれないけれど、僕は本当に人に恵まれているんです。たくさんのめぐりあいがあったから、どんなにつらい境遇でも前に進んでいくことができました。だから、その出会いに感謝をしたい」と新郎さま。

「邂逅」という言葉との出合いは、二人が出会うきっかけとなった地元岡山のお祭りで踊られる「うらじゃ」の踊り連に参加したことでした。その年は踊り連5代目でテーマが「邂逅」だったそうです。

新婦さまとの出会いもまさに、人生を変える「邂逅」だったのです。

「ありがとう」の言葉は、「ありえないことが起こった」という意味を含んでいるそうです。まさに新郎さまの人生は、思いがけない出会いによって拓かれてきました。この奇跡の出会いの連続があって今がある。「ありがとう」の感謝を忘れずに、お互いを思いやる気持ちをいつまでも持ち続けながら、これからは二人で新しい景色とたくさん出会って幸せな人生を歩んでほしい。そう心から願って、「邂逅」に続くメッセージを贈らせていただきました。

特別な演出はなくてもいい

今回の結婚式では、「人生を二人で切り拓いていく」「その先には新たな『邂逅』が待っている」そんな意味を込めて、退場の際の扉を二人の手で開けることにしました。

通常の結婚式では、会場のスタッフが開けます。新郎新婦が退場の扉を自分たちで開けるなんて見たことがありません。ですが夫婦の理念をゲストにお伝えし、皆さまの見守る中でお二人は自分たちの手で未来への扉を開いていきました。

たったそれだけの演出でも、お二人にとっては大きな意味がある。それこそが、**ありたい未来につながる二人にふさわしい結婚式**なのだと思います。

2人の出会い

地元岡山のお祭りで「うらじゃ」の踊り連に参加したことがきっかけ。

2人との打ち合わせで出てきたキーワード❶

「ごめん」じゃなくて「ありがとう」と言うように心がけている。

2人との打ち合わせで出てきたキーワード❷

これから先も一緒にいろんな物事に出会っていきたい。

2人との打ち合わせで出てきたキーワード❸

年をとっても手をつないでいる仲良し夫婦になりたい。

2人が出会った年のうらじゃのテーマが「邂逅」。初めて知った言葉だけど、自分たちの人生のテーマだと感じた。

夫婦の理念

「邂逅」

出会いの扉を
2人で開けていこう!

夫婦の理念「邂逅」

新郎

職業	機械のメンテナンス
プランナーの印象	人当たりのいい誠実そうな人

Q 両親について

A 小学3年生の時に両親が離婚。以来母と妹の3人家族。

Q 家族の思い出

A 中学2年生の時自宅が火事で全焼。親戚の家に移り住む。すべてなくなり、部活道具も私服も周りの人たちが協力して与えてくれた。

20歳のとき、母と妹が交通事故。命を取り留めたが、もしかしたら天涯孤独になるかもしれないと一時覚悟した。

新婦

職業	営業事務
プランナーの印象	かわいらしくやさしい人

Q 家族について

A 両親と犬2匹。一人娘。日曜大工が得意な父と、若くて友達のような母。

Q あなたの夢は

A 老夫婦になっても手をつなぐ。

Q 年をとった時にどんな夫婦と呼ばれたい?

A 「ラブラブですね」。

共通

Q 好きな言葉、座右の銘

[新郎] 明日は明日の自分が頑張ってくれる。

[新婦] 生きていればなんとかなる。

Q お互いについて

[新郎から見た新婦] 思いやりがある、この人じゃないと、といつも思う。

[新婦から見た新郎] 冷静で一緒にいて安心。

Q 人生のターニングポイント

[新郎] うらじゃを始めたこと。

[新婦] うらじゃを始めたこと。

#「邂逅」

たったひとつの出会いで人生は大きく変わる
勇気を持って一歩進んでみる
ほんの少し景色が変わる
また一歩進んでみる
見えなかったものが見えるようになる
また一歩進んでみる
3歩後にいた時とは全く違う人生になっている
人との出会いで人生は開く
困難との遭遇は思いやりを生む
思いがけない巡り合いの上に2人は立っている
手をつないで今日も一歩すすむ
邂逅の旅は実りある夫婦の人生を導いていく

夫婦の理念③「アイテラス」

この二人だから生まれた、二人だけの合い言葉

一般的に「理念」は、企業や学校などで使われることが多いため、誰が見ても意味がわかるようなものを作らなければいけないと思われがちです。しかし、「夫婦の理念」は二人だけのもの。他の人に「えっ？　それってどういう意味？」「そんな言葉はないよ」と言われても、二人がわかり合える言葉であればかまいません。いわば、二人だけの合い言葉のようなもの。これからの二人の未来の指針、幸せになるための合い言葉なのだから、どんな言葉であっても、お二人が納得のいくものだったらいいのです。

「アイテラス」という夫婦の理念を作ったご夫婦がいます。いわゆる造語なので、耳で聞いただけでは、どういう意味なのかイメージできませんよね。

音楽の趣味と笑いのツボが同じで意気投合し、お付き合いを始めたというお二人。で

も、性格は真逆。丁寧できちんとしていて、何事にも慎重な新婦さまと、どんなことにも前のめりでポジティブな新郎さま。

日常的にあれこれ気にしすぎるところがある新婦さまの話を、「それってこういうふうにも捉えられるんじゃないかな」と何でもポジティブな発想に転換してくれる新郎さまを、新婦さまは「ネガティブをポジティブに変えてくれる天才！」とおっしゃいます。

そんな頼りがいのある新郎さまですが、忘れものが多いなど抜けているところがあり、そのギャップがまた面白いのだそう。

一方、新郎さまは、日々の暮らしを丁寧に過ごす新婦さまに魅力を感じたと言います。とくに幸せを感じるのは、朝、テラスで楽しそうに洗濯をしている新婦さまが、ニコニコしながら「おはよう」と声をかけてくれるとき。一人でいたときには感じられなかった「二人でいるからこそ味わえる幸せ」を感じているそうです。朝が苦手な新郎さまでしたが、新婦さまと一緒に暮らすようになってからは、「朝が好きになった」と笑顔でお答えになりました。

好きなものは同じでも、それぞれ違う考え方や自分には持っていない部分を持っているお二人。それを魅力と捉えているから、相手から幸せをもらっていると感謝の気持ちが生まれる。お二人はまるでお互いを照らし合う太陽と月のようです。それぞれが持っている光で、相手を照らす。お二人にとっての愛あふれる生活の象徴とも言える、朝の洗濯シーン。「愛」と「テラス」で「愛テラス」。

「『アイテラス』はどうだろう？」

どちらからともなく出てきた二人だけの合い言葉。自分たちはこれからもお互いを照らし合う存在でいたい。お二人だからこそ生まれた言葉です。

どんなに仲良しカップルでも、結婚生活が長くなってくると、付き合っていた頃のようなドキドキやラブラブはやがて落ち着いてしまうでしょう。一緒にいることが当たり前になると、些細なことでケンカに発展してしまうこともあるかもしれない。

でも、二人だけの言葉を持つことで、「あの頃、私たちはお互いの違いに魅力を感じて一緒になったんだよね」と思い起こすことができ、「だから私たちは結婚したんだ」と、何度も、何度も二人が進むべき道を確認することができる。

そんな目印のような役割を果たしてくれるのが「夫婦の理念」なのです。

2人に共通すること

- 音楽センス。
- 笑いのツボ。

2人との打ち合わせで
出てきたキーワード ❶

- 新婦のおかげで
朝が好きになった。
- 1人では感じられない
幸せを見つけられる。

2人との打ち合わせで
出てきたキーワード ❷

- お互いが持っていない
部分を持っている。
- 好きな物は一緒、
でも考え方が違う。

2人との打ち合わせで
出てきたキーワード ❸

- 太陽と月みたいだね。
お互いを照らし合って
いる。

❶ 相手を照らす→
相照らす。
❷「愛」と、「テラス」に干した洗濯もの→「愛テラス」。

夫婦の理念

「アイ
テラス」

2人は2人を照らす
存在でい続ける!

夫婦の理念「アイテラス」

新郎

職業　警察官（お父さまが警察官で影響を受けて）
プランナーの印象　天然で論理的

Q　うれしかったこと
A　新婦に「東京で仕事がしたい」と言われ、「やりたいことはやったほうがいいが、それは岡山でもできるよ！」と東京進出を全力で阻止できた（新婦談「説得風告白。でも思いが伝わった」）。
Q　幸せを感じるときはどんなとき？
A　朝早く起きて楽しそうに洗濯している新婦が好き。ニコニコ笑顔で「おはよう」と言ってくれるのが幸せ。
Q　新婦の好きなところ
A　洗濯好きなところ。

新婦

職業　管理栄養士
プランナーの印象　丁寧。ニコニコ

Q　社会人になって、自分が変わったところは？
A　休日に早起きして朝が好きになったこと。
Q　これまでの人生でいちばん感謝している人は？
A　新郎。ネガティブをポジティブに何度も変えてくれた。最大の味方ができて強くなれた。
Q　好きな言葉
A　「今日も丁寧に」。休日を充実させている。早起きして朝散歩して洗濯してお出かけする。

共通

Q　お互いの性格は？
[新郎から見た新婦] しっかり者で心が広い。
[新婦から見た新郎] 天然で面白いかと思えば、冷静で論理的。

Q　夫婦に必要な価値観の結果
[新郎] 愛、楽しさ、安らぎ。
[新婦] 愛、楽しさ、自由。

「アイテラス」

「おはよう」
朝が好きになった
朝日の中で洗濯をしている君をずっと見ていたい
「おもしろい」
いつも予想外
「好き」がいろんな角度から伝わってくる
心がいつもあたたかいのは
愛の光が自分を照らしてくれるから
自分らしく輝いていられるのは
お互いが持ってない部分に光が当たるから
まるで月と太陽のように照らしあう
愛照らす
ふたりはふたりを照らす存在でいつづける

「理念を作ること」が大切なのではない

一つ一つ二人で乗り越えて夫婦になっていく

「夫婦の理念」は、結婚し夫婦になる二人が、その先もずっと幸せであり続けることを願って始めたものです。しかし、お互いをよく知るために向き合うことは、ときにしんどく感じることもあります。

つい先日のことです。半泣き状態のプランナーから電話がかかってきました。

「夫婦の理念を作ることにしたせいで、破談になってしまうかもしれません」

話を聞いてみると、新郎新婦さまは結婚することになったものの、お付き合いは浅く、お互い思っている事を口に出して伝え合える関係性にはまだなっていなかったとのこと。ケンカをしたことさえなく、「これからちゃんとやっていけるのかしら」と、どことなく不安を感じていらっしゃるようでした。

そこで、より夫婦として理解を深め合えたらと、今回「夫婦の理念」を作ることにとても期待をされていたのです。

しかし、話を進めれば進めるほどお互いの価値観の違いに気づき、なんとなく感じていた不安が話し合いの中で顕在化してしまい、険悪な雰囲気になってしまったそうです。なんとか答えを探そうと必死になればなるほど空回りし、逆に二人の溝が深まっていくばかり。新婦さまには「結婚する意味がわからなくなりました」、新郎さまからは「せっかく結婚式のハッピーな話をしに来ているのに、なんでこんな嫌な思いばかりしなきゃならないんですか」と言われ、プランナーはすっかりどうしていいかわからなくなってしまったようです。

幸せに正解がないのと同じように理念にも正解はありません。違いがあるのは当たり前なこととしてお互いを尊重し、理解し合い、違いを乗り越えていった先に、結婚した意味がやっとわかるのかもしれない。

このお二人には、夫婦の理念を決めることより、このプロセスを通じて違いに気づき、乗り越え、視点を変えて理解し合う時間が必要でした。

理念を作るときに気をつけなければいけないのは、理念を作ることが目的になってしまってはいけないということ。「夫婦の理念」を作る意味は、「幸せな夫婦になること」です。そんな二人に次のような理念を提案しました。

「幸せの姿」

そして、そこにはこんなメッセージも添えさせていただきました。

「それはどんな姿だろう
探したら見つけられるのだろうか
どう感じたら幸せだと決められるのだろう
今は分からない
でも幸せは与えられるものではなく
気づくもの
つくるもの
今自分の手にあるものを数えたら
幸せだなと思うものの方が多かった

そうでないものがなくなるわけではないけれど握りしめた手は幸せには
見えない。
手のひらを広げれば
2人でしか完成しない幸せの姿がだんだん見えてくる
答え合わせは未来のお楽しみ
乗り越えてこそ見えるものがある」

その後、プランナーに「昨日、無事に入籍しました」と連絡があったそうです。

二人は夫婦の理念を作る中で、初めてお互いが心を開いて思いを伝え合いました。結果、ぶつかり合って自信をなくしかけましたが、目を背けず、逃げることもなく向き合ったからこそ、ちゃんと答えをみつけることができたのです。

こうやって一つひとつ二人で乗り越え、夫婦は作られていくのだと思います。

「作る」ではなく「引き出す」

プランナーの自己満足になってはいけない

当初は私一人で始めた「夫婦の理念」でしたが、サムシングフォーの考え方に共感し、『夫婦の理念』作りのお手伝いをしてみたくて、こちらを選びました」と入社してくる若いプランナーも増えてきました。そう言ってもらえると、やっぱりうれしいものです。

ただ、新郎新婦さまについて深い部分まで聞き出し、お二人の共通の思いを見つけ、それを言葉にするというのは、やはりある程度のスキルが必要になります。そこで、社内トレーニングを行い、経験の浅いプランナーには先輩プランナーがサポートにつくなどのフォロー態勢も整えました。

先にご紹介したように、「夫婦の理念」は、言葉に添えてメッセージを一緒にお渡ししています。

ただ、プランナーの中には、話を聞くことはできても、文章を書くのが苦手、という人もいます。そこでコロナ禍で通常営業が止まってしまったときには、小説家養成講座の講師の方をお招きし、言葉が人に与える印象や影響などを学ぶ研修も行いました。

とはいえ、若いプランナーが年齢や社会人経験も上のカップルに自己開示を求め、人生の棚卸しをさせ、一生の指針となる言葉を作るのは容易なことではありません。

今では、「夫婦の理念」を作られたご夫婦に行ったアンケートでほぼ100％の満足度をいただいていますが、若いプランナーたちが「夫婦の理念」作りを行った最初の頃は、「そうした時間をとっていただくのはありがたいが、理念は他人に決められることではない」といったご意見をいただくこともありました。

あれこれとお話をお伺いしたものの、ご本人たちの感覚とご提案した「夫婦の理念」にギャップが生まれてしまうと、「私たちはこんなことを言いたかったわけじゃない」とお二人に違和感が残ってしまいます。「夫婦の理念」は、お二人が本当に納得するものでなければ、大きなお世話以外の何ものでもありません。

ここで気をつけなければいけないのは、私たちはお二人の理念を「作る」のではなく、あくまで「引き出す」役割であるということ。私たちの自己満足になってしまってはいけないのです。

それぞれの人生を聞きながら、どんな価値観を持っているのかを探っていく。ワークシートやお二人の話の細部から二人の価値観の重なる部分を見つけて掘り下げていくのが私たちの役目です。「やさしい新婦さま」だけではなく、具体的にどんなやさしさをお持ちなのか、そのやさしさはどこから来ているのか、性格そのものを形成している部分を、様々な質問で掘り下げていくと、その理由が見えてくる場合があります。同様に、お二人のなれそめをじっくりお伺いすると、違う価値観を持ったお二人がどう出会い、結婚を決めるにいたったかがわかります。

その後、「夫婦の理念」を作るうえでの共通指針として、「理念につながる言葉はお二人の会話の中で出てきたワードしか使わない」というルールを設けることにしました。また、新郎新婦さまお二人ではワードがなかなか出てこないというときには、こちらから三つくらいの選択肢を示して、近いと感じる言葉を選んでもらい、さらに何故その言葉なのか対話を重ね、お二人が納得するまで質問を続けています。

ともするとかっこいい英語やそのときの流行り言葉を使いがちなのですが、大事なのは10年、20年、30年経っても普遍的にお二人の心の中にい続けられる言葉を見つけること。

そして、最後は必ずお二人が決めること。何故なら、答えはお二人の中にしかないからです。お二人がピタリときたときに、「あ、これだね！」と探しものを見つけたときのような発見感が大切なのです。

私たちが何もかも決めてしまうと、それはただの押し付けになってしまいます。お二人が自問自答し、考えたというプロセスを経ているからこそ、初めて「夫婦の理念」になる。私たちプランナーはその間に立つ橋渡し的な存在。「お二人の心の奥にある、本当に求めているものは何か」を引き出しているに過ぎないのです。

夫婦の理念作りは自分を知ること

対話を通して見つけられた「夫婦の理念」は、その言葉に行き着いた経緯とその理念を結婚式に活かす演出案やアイデア、そして最後に私たちからのメッセージを加えて二枚のシートにしてお二人にお渡しししています。

その瞬間、お二人がどんな反応をされるか、私たちはとても緊張して見守ります。

そして、多くの新郎新婦さまはシートを受け取ったとき、今まで言葉にしてこなかった漠然とした二人の人生観や願望などが明確な言葉として表現されているのを見て、とても感動されるのです。泣き出す方も少なくありません。

「そうですね、そうですね……」と何度も言いながら、涙を流す。その涙はなんの涙なんだろうと考えると、きっと自分でも気づかないような小さな不安が「夫婦の理念」によって客観的に肯定され、どこか承認されたような気持ちになるのではないかと思うのです。

自分の潜在的な思いに気づくことは普段の生活の中ではなかなかありません。「夫婦の理念」を作っていく工程は相手のことだけでなく「自分を知る」ことにも繋がっています。人って意外と自分のことがいちばんわからないものです。側から見たらとても幸せそうな人でも、本人は満たされない思いや不安でいっぱいになっていたりする。

幸せは誰かが決める事ではなく自分の心が決める事。「夫婦の理念」は自分の幸せを知るきっかけにもなっているのです。

聞かなかったことによる後悔をなくす

バージンロードに対する固定観念

事前にお二人のことをじっくり聞く、というプロセスには、「夫婦の理念」作り以外にも、実は大きなメリットがあります。

個人のプライベートが尊重される今の時代、個人的なことを根ほり葉ほり聞くことはタブーになってきていますよね。中でも生い立ちについては複雑な場合もあり、聞きにくいところも。しかし、聞かなかったことによって、一生忘れられないような、感動的なシーンを作るきっかけを失ってしまうことがあるのです。

例えば、結婚式の定番であるバージンロード。通常は新婦さまと新婦のお父さまが一緒に歩きます。新婦さまのほうから何かリクエストがあればいいのですが、何もなければ「バージンロードは父親と歩くもの」という固定観念のもと、プログラムが組まれます。

しかし中には、ご両親が離婚、再婚され、義理のお父さまに育てられたけれど、いろいろと思うところがあって一緒に歩きたくない、という新婦さまもいらっしゃいます。でも、それはご本人が話してくれなければわかりません。バージンロードは花嫁と父親が腕を組んで歩くものと決まっている――。実はそう思っている新婦さまは少なくないのです。しかし本来、バージンロードは生まれてから今日までの軌跡、自分と家族との道です。誰と歩くかに決まりなんてありません。

もし私たちが事情を知っていれば、別のやり方をご提案することもできるのです。お話を進める中で、ほんの少しでも「違和感」を持ったら、その違和感の訳を掘り下げていきます。そこには何らかの理由が必ず潜んでいる。そこを逃さず、きちんと察知できる力が私たちプランナーには必要なのだと思います。

結婚式にはたびたび奇跡が起こる

長年、この仕事をやってきて感じるのは、結婚式にはたびたび奇跡が起こるということ。母がいた頃の話です。ある冬の日のことでした。その日は朝から晴れていましたが、結婚式の終盤、新婦さまからご両親に向けたお手紙を読むとき、突然、窓の外が雪景色に変わったのです。新婦さまはお父さまを亡くされていました。新婦さまのお名前は「ゆき」。雪の日に生まれたからと、亡くなったお父さまがつけてくれたそうです。

そんなエピソードを事前に聞いていた母は、今まさに手紙を読み始めようとする新婦さまに向かって、

「ゆきさん、窓の外を見て」

と声をかけました。

振り向くと、雪。その瞬間、新婦さまの目から大粒の涙がこぼれ落ちました。

お父さまが今日の日を祝福するために新婦さまに会いに来られたのかもしれません。

もし、母がゆきさんのお名前の由来を聞いていなければ、あのひとことはなかったでしょう。知っていたから、あのタイミングで教えてあげられた。聞いていたからこの奇跡に気づけた。聞くことの大切さを知った忘れられない出来事でした。

「いつまでも幸せでい続けてほしい」ただそれだけを願って

私を支えてくれるメンターとの出会い

「夫婦の理念」は、サムシングフォーで結婚式を挙げられるお二人が、結婚後もいつまでも仲良く幸せに暮らして欲しいという願いを込めて始めたもので、このために特別な料金はいただいていません。今は、この「夫婦の理念」を軸に、「理念式」というオリジナルの結婚式も提案させていただいております。

たしかに、複数回に及ぶ長時間の打ち合わせに加え、理念の言葉やメッセージを考えるなど、ただでさえ忙しいプランナーの業務がさらに忙しくなるのは否めません。もちろん、そこまでしなくてもご希望する結婚式をご提供することはできるし、理念作りに料金をいただいてはいないので、やってもやらなくても収益に変わりはない。加えて、若いプランナーが社会人としての先輩である新郎新婦さまにプライベートなことを聞くのはリスクもはらんでいます。なのに、「なぜここまでするのか?」と同業者からは驚かれることもあります。

経営面から見れば、打ち合わせ回数が増え、どう考えても「効率よく」とはかけ離れています。しかし、それでも「やる」と決めたのは、「お二人がいつまでも幸せであり続けてほしい」という純粋な気持ちのほかにありません。

さらに、「大切なことにこそ時間をかける」という挑戦は、これからの業界の課題解決にもつながるのではないかと思うからです。結婚式の価値は、たった3時間のお祭りではない。一生を支えていく時間である。それをしっかり伝えていきたいのです。


その気持ちにたどり着いたきっかけとなったのが、私が敬愛するメンターとの出会いでした。

岡山市内の結婚式場から撤退し、再起をかけて作り上げた倉敷の自社式場「Ｔｈｅ華紋」。そこに至るまでは資金面でのピンチやスタッフ間の衝突など、本当にいろいろなことがありました。私にとってかけがえのない存在だった母を亡くしてからは、頼れる人がいなくなり、心はいつも孤独だったように思います。

弱音を吐きたいけれど、弱い部分を見せたらなめられてしまう。隙を見せたら足を引っ張られてしまう。「経営者たるもの強くなくては」と、無理に肩ひじを張っていた自分がいました。本当は弱い人間なのに、鎧《よろい》を身につけて強く見せていたのです。

当時は、スタッフにも業者さんにも厳しかったと思います。すべては会社を成長させるため。「なめられてはいけない」と、納得のいかないことにはとことん厳しくしていました。そんな態度がスタッフを委縮させ、やる気をそいでしまったのでしょう。そのストレスから、スタッフ間の人間関係も悪くなり、退職も相次いでしまいました。

メンターから学んだ感情との向き合い方

経営も順調に軌道に乗り、周りからも少しちやほやされていた頃、私は、友人を介してそのメンターと出会うこととなります。

世の中にあふれるセミナーのほとんどは、頑張ることを良しとし、強いリーダーシップでメンバーを引っ張っていくように言われます。ところが、メンターはそれとはまったく逆のことを言いました。「頑張るのは良くない。一生懸命や必死にというのも良くはないのよ。頑なを張ると書いて頑張る。必死は必ず死ぬのよ。頑固になると周りが見えなくなるし、一生懸命になりすぎると、何かあったときに平常心でいられなくなるでしょ。そういうときは判断を間違えるものよ」という言葉に、私ははっとしたのです。
それまでの私は、自分の元を去っていった人たちを見返したいという一心で頑張り続けていました。でも、そんなギスギスしたリーダーに誰もついていきたいとは思いませんよね。

例えば、スタッフの育成に関しては、「腹が立ったら褒めましょう」と言われました。「叱る」を「褒める」に変える。「叱る」ことを「叱らない」にすることはできても、それを「褒める」に変えるのはなかなか難しいことです。それでも、「人がやれないことをやれる人がやっぱり変われるんですよ」というメンターの言葉に、私は自分の経営者としての人生をかけてみることにしたのです。

自分自身のこれまでのやり方を変えるのには勇気が必要です。でも、とりあえずメンターの言う通り感情だけで叱ることをやめ、スタッフのよいところを見つけ、そして褒めるという視点を持つようになってからは、スタッフがどんどん成長していくのが目に見えてわかりました。もちろん、ときには叱らなければいけない場面もあります。そんなときは、感情だけで叱るのではなく、冷静に淡々と状況を説明して、正しいやり方を教えてあげればいいだけのこと。

メンターから感情との向き合い方を学んでからは、自分自身の気持ちもとても楽になりました。経営者としてトラブルに直面したり、コロナ禍で思うように事業が進まない状況だったりと、まだまだ悩みはつきませんが、どんなときでも焦ることなく、自分の感情をコントロールすることができるようになったと思います。

さらにメンターから学んだことに、「待つ」というものがあります。経営者たるものスピードが命と思いがちですが、それとは真逆の発想です。起きることにはすべて意味があり、失敗を経験して意味を知ることでしか成長できないことがある。若いスタッフに転ばぬ先の杖を準備するより、多少の失敗があってもその結果成長すると思えば、何か問題が起きたときでも、「だから言ったでしょ！」と叱らず、「成長のきっかけになってよかったね」と褒め、励ましてあげることができます。

経営者である私に対してもそうです。メンターも「失敗は学び」と私の成長を願い、見守ってくれています。そして私は、いつしか多少のことではジタバタせず、「何があっても大丈夫」と、心に余裕を持てるようになりました。経営者に必要なことは、感情に振り回されず、どんと構えて平常心で物事を見ること。それに気づくまで時間はかかりましたが、気づいたときにやっとその意味がわかりました。

どうしてここまでメンターを敬愛しているのか。それは他人であっても家族を思うような「愛」を感じるからです。とても広い視野で私の成功を願ってくれています。

メンターの姿勢を見て、事業の本質は「愛」だと思いました。結婚式も同じです。新郎新婦さまは私たちにとっては家族です。だから「幸せになってほしい」と思う気持ちが「いい結婚式をしたい」という気持ちよりも強かったりする。というより、その気持ちがあるから、結果、結婚式がいいものになると思っています。

新郎新婦さまにとって経験したことのない「結婚式」を滞りなく行うことは、プロである私たちができることとです。

でも、その根底にお二人の幸せを願う「愛」があれば、たった3時間を幸せにするだけではなく、夫婦の一生を幸せにする結婚式を作ってあげられるのではないか、そう思うのです。サムシングフォーが「夫婦の理念」を大切にしている理由は、ここにあります。

第5章

「好き」のその先の未来

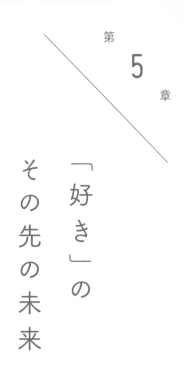

コロナ禍で突き付けられた「結婚式」の意義

「私たちの結婚式は迷惑なのでしょうか」

2020年は、私たちにとって大きな転機の年となりました。その前年、中国の武漢で拡大した新型コロナウイルス感染症は、瞬く間に世界に広がり、人々の生活を一変していきます。大勢の人が集まる場所に行ってはいけない。近距離での会話は控える。換気の悪い密空間を避ける。いわゆる3密が呼び掛けられ、あまたの業界に打撃を与えました。私たちウェディング業界も同様です。

その年の4月、1回目の緊急事態宣言が発令。「不要不急の外出は控えるように」と、多くのイベントは延期・中止を余儀なくされました。そんな中、結婚式もその対象となったのです。

実際、私たちの式場も結婚式を延期したい、中止しようと思う、というお客さまからの連絡が後を絶ちませんでした。予定通り行ったところで、ゲストが集まらないのではないか、ゲストに迷惑をかけてしまうのではないだろうか……。ときには、匿名で「こんなときに結婚式をするとは何事か！　人殺しの会社だ」「新郎新婦に（結婚式を）やめるように言え！」などの連絡もあり、当初はパニック状態に陥りました。本来であれば幸せの絶頂にいるはずの新郎新婦さまに突き付けられた苦渋の選択。この日のためにいろんなことを考え、話し合い、準備を進めてきたお二人をずっとそばで見てきたからこそ、私たちプランナーも心が痛い日々が続いたのです。

中には、お二人は感染対策をしたうえで開催したい一方、ご両親は万が一を考えて中止したいと意見がわかれてしまった、という新郎新婦さまもいらっしゃいました。ご両親から「こんなときに自分たちのことばかり言って周りに迷惑でしょ」と言われた新婦さまが、「私たちの結婚式は迷惑なのでしょうか」と泣き崩れる姿を見た私たちは、「迷惑なんてとんでもない。みんな来たいはずですよ」と声をおかけするしかありませんでした。

その後お二人は改めて結婚式をすることの意味をご両親にしっかりお伝えになり、規模は縮小したものの会場に来られないゲストとはオンラインでつなげるなどの方法も取り入れつつ、私たち運営側も水際の感染対策をしっかりしながら、無事素晴らしい結婚式を挙げることができたのです。

結果的に結婚式を終えてみると、ゲストから寄せられたのは、クレームではなく、「開催してくれてありがとう」「元気が出ました」「うれしかった」という感謝の言葉でした。

実は、このような新郎新婦さまは一組や二組ではなかったのです。

結婚式には力がある

結婚式を挙げれば非難され、延期・中止になればそのしわ寄せが新郎新婦さまに降りかかってしまう。できるだけベストな方法をと、サムシングフォーでは、する、しないのご判断はお二人に任せ、「する」とご判断したときは徹底した感染対策を行い、万全な態勢で式を執り行いました。また、延期するとご判断したお二人には、特例を作り、できる限り結婚式をあきらめるという選択をされないような方法を考えました。

現場で働くプランナーたちは、もしクラスターを出してしまったら……という怖さや行き場のない不安と背中合わせの日々の中、自分たちが誇りと情熱をもって取り組んできた仕事を、「不要不急」という言葉で片付けられてしまうという、言葉では言い表せられないほど悲しく、悔しい思いにもかられました。

「結婚式は決して不要不急のイベントではない。人が集まり、喜びを分かち合い、二人の人生の物語に共鳴し、その素晴らしい時間を共有することは、そこに居合わすすべての人たちの生きる希望になる」と、私自身はこの期間の経験を経て、改めて心から実感しました。**新郎新婦は世の中に明るい未来を感じさせてくれる希望の星です。**

「不幸を癒す薬は、希望より他にない」とシェイクスピアが言ったように、世の中の人々を暗くするものがあるとしたら、人々を明るくする結婚式は世界の希望です。結婚式にはそれほどの力があります。表面的なキラキラしたところだけではなく、もっと根本的な意義や意味を私たちは発信しなければいけない、そう心から思いました。

変化する日本の結婚式

神前結婚式からキリスト教式の結婚式へ

結婚式はいつから始まったのか――。ここで少し、結婚式について考えてみたいと思います。

まず、結婚式は挙式と披露宴を合わせたもの、という解釈が一般的ですが、本来、結婚式は挙式のことをさします。挙式は、誓い、承認の場であり、その後、参列者をもてなす場が披露宴となります。

日本の伝統的スタイルとされる神社での神前式は意外と歴史が浅く、明治時代中頃の1900年に行われた皇太子（後の大正天皇）の結婚の儀から始まったと言われています。それ以前も、婚姻に際しての儀式は行われていましたが、正装した男女が神の前で夫婦の誓いを立てるという「神前結婚式」は、これまでになかった新しい形の婚姻の儀式として大きな反響を呼び、同様の神前結婚式を望む声が国民から上がりました。

戦後は高度成長の波に乗って、結婚式を専門に行う結婚式場が次々と誕生。欧米への憧れからウェディングドレスでバージンロードを歩きたいという新婦さまが増え、「キリスト教式」の結婚式が求められるようになります。ホテルや式場にチャペルが次々と誕生し、式の後にホテルで披露宴を行うという、現在の結婚式の形が出来上がってくるのはこの頃です。

昔は、披露宴と言えば、金屏風の前に置かれた高砂に、新郎新婦さまを挟むように仲人夫婦が座っていました。驚くことに、入場も仲人夫婦と一緒。

仲人夫婦は、ご両親や新郎新婦さまがお世話になったご夫婦、新郎さまの会社の上司夫妻にお願いするのが一般的で、仲人さんにはご祝儀を包んでもらうのではなく、仲人料を新郎新婦さまが包んでお渡しししていました。

仲人は個人的にお願いするケースのほかに、仲人のプロのような人たちを頼ることも。「そろそろ近所の○○ちゃんも年頃よね」という話題が上がれば、その情報を仲人会のおじさんおばさんの間で回し、お見合いをセッティングする。縁談がまとまれば結婚式の手配まですべてしてくれて、当日は仲人も引き受ける、という流れになっていて、一組縁談が決まれば式場や衣装屋さんからの紹介料と当日の仲人料が入る、というなかなかよくできたビジネスでした。

けれども、私がこの業界に入った頃には、だんだんと仲人さんを立てる結婚式がなくなっていきました。「自分たちらしい結婚式をしたい」という声が新郎新婦から上がってきたからです。そして、そんな新郎新婦さまの希望を叶える役目を担ったのが、ウェディングプランナーです。

ただ、仲人さんというのは新郎新婦の幸せをすごく願ってくれ、夫婦の人生にとって大切なことを相談できたり、教えてくれる心強い存在でもありました。お中元、お歳暮と、「おかげさまで仲良くしています」と、年に二度は報告を兼ねてあいさつをする。自分たちの幸せを願ってくれている人の存在は、夫婦の支えでもあったのです。今となっては、逆にそういう存在こそ必要なのではないか、と思うところもあります。

「見せる」ことは感謝を伝えること

両家のものから二人のものへという過程の中で、新郎新婦さまの先導役となったのが、雑誌としてはありえない重量のあの有名結婚情報誌『ゼクシィ』（リクルート）です。

今から30年前の1993年に創刊された『ゼクシィ』は、日本の結婚式情報を担う存在として君臨してきました。レストランウェディング、ゲストハウスウェディング、海外ウエディング……。『ゼクシィ』が提案する結婚式＝今の時代の結婚式という図式が出来上がっていたように思います。

そして今は自ら発信する時代に突入しています。おしゃれで素敵な結婚式を挙げたら、ＳＮＳを使って、自分の姿を発信する。キラキラした様々なシーンに憧れ、世の花嫁さんはスマホ片手に幸せの発信をしています。

先にもお伝えした通り、結婚式の後、集まった参列者をもてなす場が「披露宴」となります。そもそも披露宴とは、結婚式の後、ゲストと食事をしながらパーティをすることです。けれど、最近の花嫁さんは披露宴という言葉に少し違和感を持っていらっしゃる方も少なくなく、自分たちを見せる場ではなく、おもてなしをする場、感謝を伝える場というほうがしっくりくるようです。確かにそれは間違いではないし、それこそが披露する動機になっていると思います。けれど、私は披露することにもきちんと意味がある、と考えています。

幸せな姿を見せるということは実は感謝を伝えることでもあります。披露宴でのご両親を見ていると、それがわかります。我が子が愛する人に愛され、多くの人に祝福され、幸せな姿を見せてくれることほどうれしいことはありません。

ご両親だけではありません。二人を祝福したいと集まってくれているかかわりのある身近な人たちにとっても、二人とのつながりの物語があり、幸せな姿を見ることで自分も心からうれしくなる。大切な人の幸せは自分にとっても幸せなこと。披露して見せることの本質は、決して見せびらかすことではなく、幸せな姿を見ていただき、「ありがとうございます」という感謝を伝えることなのです。

手紙も花束もいいのですが、披露するということそのものも、実は感謝を伝える手段であることを、お二人には少し知ってほしいと思うのです。

なぜ結婚式はイベント化したのか

ファッション化する結婚式

近年、結婚式はスタイルも場所も自由で多様化し、飽和状態です。ホテル、ゲストハウス、レストラン、あらゆる場所が「結婚式の会場」として使用される中、SNSでは、有名人やインフルエンサーの羨望を集めるキラキラしたウェディングがあふれています。

「コンセプトウェディング」という言葉がいつから出てきたのかは定かではありませんが、「自由で自分たちらしい結婚式をしたい」という新郎新婦さまの声に応える、ウェディングプロデュース会社や、最近はフリープランナーの活躍も目覚ましいものがあります。式場の制約を受けず、自由な結婚式を作りたい、あるいは自由な働き方やプランナーとしてのキャリアアップを目指したいという人たちが増えるなど、結婚式もそれに携わる人たちも日々進化しているように思います。

ただ、変わらず言えるのは、この業界で働く人たちは、人を笑顔にすることが大好きで、新郎新婦さまお二人の幸せのために日々奔走する人たちだということ。こういう人たちの存在が今の結婚式を支えています。

しかし、その一方で違和感を抱くこともあります。結婚式が多様化していくにつれ、いかにおしゃれにSNSの中で映えるか、いかに人と違うことをするかと、結婚式がファッション化しすぎ、いつしか斬新なアイデアを現実化することが目的になってしまっている人たちもいるように思うのです。悪いことではないのですが、それだけになってしまうと本来の意味が薄れ、新郎新婦とプランナーだけの自己満足の世界になってしまいます。それでは、結婚式という名の趣味イベント。長い目で見ると、本質から外れるものは、結果として衰退していってしまうのではないかと感じます。

誰のための結婚式なのか？

とある衣装会社のスタイリストさんから聞いた話です。

ある日、一人の新婦さまが、

「プランナーさんから、ここでこんなイメージのドレスを借りてくるようにと言われたのですが」

とお店に現れました。

「結婚式をディレクションするプランナーさんから、今回の結婚式は〝森〟の世界観でいくから、妖精のようなドレスを用意するように言われて……」と。その話を聞いたスタイリストさんは、

「新婦さまの雰囲気でしたら、こちらのドレスのほうが似合いますよ」

と別のものをお薦めしたのですが、

「私もそう思いますが、プランナーさんから妖精がイメージだと言われているので――」

その話を聞いたとき、これはいよいよおかしなことになってきてしまったなと、大きな違和感を覚えました。

この新婦さまのお話はちょっと極端な例かもしれませんが、実際、この業界にそういう世界も存在しているのは事実なのです。

結婚式は私たちの作品ではありません。

しかし、初めて結婚式を挙げるお二人にしてみれば、業界のプロから提案やアドバイスをされたら、「そういうものなのかなぁ」と受け入れてしまうこともあります。「これがオシャレですよ」と言われたら、結婚式はオシャレにしなければならないものと思ってしま

うかもしれません。そこに違和感を持つお二人であれば、「そんな結婚式は、私たちには無理」と思っても不思議ではないのです。

だからこそ、私たちウェディングに携わる人間たちは、新郎新婦さまお二人のために真剣に、今一度「結婚式とは何か」ということを考えなければいけない。

古い人間が小難しいことを言っていると思われるかもしれませんが、時代が移り変わる過渡期だからこそ、同じ業界の人たちと一緒に考えていきたいのです。

サムシングフォーの使命

唐突ですが、私は「世界！ニッポン行きたい人応援団」（テレビ東京系）という番組が好きです。

日本に憧れた外国の方が、自分の好きなことを学ばせてもらいに日本にくる。最初の頃は、うまくできるかわからない不安な表情が、だんだん変化してくる姿。滞在時間は短いけれど、たくさんのことを学ぼうとしている姿。受け入れるほうの、この若者の未来のためにできる限りのことを教えて、体験させてあげたいという思い。そして最後、帰るときは涙ながらにお別れする。その後、何年か経ち母国に帰った彼らを取材すると、彼らは皆言うのです。「また必ず行きます」と——。

私たちはそんな場所になりたい。

結婚式の事業をしている私が言うことではないかもしれませんが、夫婦になるお二人にとって、結婚式よりももっともっと大切なことがたくさんあります。長い夫婦の人生は、いったい誰が幸せにしてくれると思いますか？　幸せの定義は曖昧で正解のない時代だからこそ、自らを幸せにする力が必要なのです。結婚式を請け負うだけの会社ではなく、結婚式を通して夫婦を幸せにする会社でなくてはならない。

結婚式には人生を変える力があります。準備から式当日までの短い間しか私たちが新郎新婦さまにかかわる時間はありませんが、あのテレビ番組で国に帰った人が、たった一度の出会いで人生を変えたように、結婚式の経験が、新郎新婦さまがこの先手を取り合って未来を力強く生きていけるものになってほしい。

夫婦は社会の最少単位です。その集合体が社会を構成しています。夫婦が幸せであればあるほど、家族が、そして社会が幸せなものになっていくはずです。

だからこそ、結婚式場業の私たちはその使命があるのだと思っています。

古事記で知った結婚式の意味

結婚式は神代の時代から存在していた

以前、友人と兵庫県の淡路島に旅行に行った際、伊弉諾《いざなぎ》神宮を訪れたことがありました。そこは『古事記』に登場するイザナギとイザナミが最初に国生みをした場所、日本の始まりと言われている場所です。

イザナギとイザナミはこの世に初めて生まれた夫婦の神様です。古来より脈々と受け継がれてきた神話の最初に、二人は夫婦の契《ちぎ》りを交わし、国生み、神生みを行い多くの国土と森羅万象の神々を生んでいく――とあります。

ここまでの話は、私もなんとなく聞いた覚えがあり、神社を訪れる前から知っていました。

その日境内を回り、ふと立ち止まった授与所で古事記の本を手にした私は、もうちょっと詳しく古事記のことを知ってみようかな、という気持ちになったのです。

自宅に帰り、読み進めてみると、時間が経つのも忘れてしまうほどの面白さ。あっという間に読み終えてしまいました。その後、もっともっと古事記のことが知りたくなった私は、インターネットや、他の方が詳しく解説している動画などを延々と見続けたのです。

『古事記』の中には、結婚式のルールと思われる儀式について書かれている記述があります。

イザナギとイザナミは国生みをする前にある儀式を行っていました。それは天の御柱という高天原（天界）に通じる光の柱を、イザナギは左から、イザナミは右から回り、巡り合ったところで「あら、素敵な男性ですね」「あら、素敵な女性ですね」とお互いを褒め合うというものです。

ところが、何度やってもうまくいきません。悩んだ二人は高天原の神々に相談をします。すると、「イザナミ（女性）のほうから声をかけてはいけません」と忠告されます。そして、二人はもう一度イザナギは左から、イザナミは右から柱を回り、今度はイザナギのほうから声をかけてみたのです。三度目にしてようやく、最初の国生みに成功。その後、次々と国生みをしていきます。

この儀式こそが、「結婚式」だったのです。

儀式の一つ一つには意味があります。間違えずに行うことが、その後に起こることをうまく運ぶ、というようなことを、『古事記』では伝えているように感じました。

ほかにも、三三九度の基となっている儀式が登場したり、どんなに愛し合っても男と女が一緒に暮らすのは難しいんだなと考えさせられるような神話があったり。

それが1300年もの昔から語り継がれてきたことに私は深く感動しました。

折しもその頃、私はコロナ禍の対応に心身ともに疲れ果て、「結婚式をやる意味って何だろう?」と、自分たちの仕事の意味に改めて向き合っている時期でした。

私はここでも、結婚式には儀式としての大事な意味があるのだと、『古事記』から教えられたのです。

結婚式は人生の大事な通過儀礼

結婚式を挙げる意味ってなんでしょうか？

「ナシ婚」という言葉が出てきたのはいつ頃のことでしょうか。気がつくと、この言葉もすっかり世に浸透したように思います。

2019年に実施されたブライダル総研の調査によると、ナシ婚カップルの割合は入籍したカップルの19・3％、全体の2割ほどを占めています。ただし、実際は写真だけで終わらせるフォト婚も実施数に含まれるので、結婚式や披露宴をした割合はもっと少ないはずです。そして、今は新型コロナウイルス感染症の影響でさらに結婚式を挙げないカップルが増えているので、詳しいデータはありませんが、「ナシ婚」が増加傾向であることは間違いないでしょう。

また、株式会社ウエディングパークが「ナシ婚」を選択した20代、30代の女性618人に行った調査（2019年）によると、結婚式を行わなかったいちばんの理由が「結婚式よりも他にお金をかけたい」（48・9%）だったとのこと。

結婚式の平均総額は292万3000円（ゼクシィ結婚トレンド調査2021調べ）。およそ300万円がかかる計算となっています。

通常、挙式・披露宴を合わせて3時間ほどなので、単純に計算しても1時間に100万円。結構なお値段です。こんな世界は、結婚式以外に見当たりません。思いとどまるカップルがいるのも理解はできます。

とくにこれから適齢期を迎えるZ世代は、コスパだけではなくタイパ（タイムパフォーマンス）を重視する傾向にあると言われているので、結婚式に高額なお金をかけることに加えて、自分たち、さらに家族や友人など身近な人たちの貴重な時間をかけるだけの意味や価値を見い出せなくなるかもしれません。

そう感じたのは、最近「結婚式を挙げる意味ってなんでしょうか？」とお客さまから聞かれる機会が何度かあったからです。式場に足を運んでいるにもかかわらず、最初の相談でこの質問が出てくる。結婚することに迷いがあるわけではなく、ただ結婚式を挙げることに意味を見出せない、そう思っているように見えました。その声を聞くたびに私は、悲観するのではなく「結婚式の意味や意義を知ろうとするとてもいい傾向だな」と感じています。

私が今、「結婚式をする意味とは？」という質問に答えるなら、大きく分けて二つあると思っています。

まず一つ目は、時代や人によって変わるもの。そして二つ目は概念的に定義された変わらないものだからです。

ここでは後者の概念をお伝えしたいと思います。

結婚式とは人生の通過儀礼（人生儀礼とも言う）の一つです。

人は生まれて、そしてこの世を去るまでの長い人生の成長段階で、様々な節目を通過していきます。例えば結婚式以外にも七五三や入学式、卒業式や成人式、そしてお葬式もそうですよね。

「今まで」と「これから」の生活や社会的役割が変わる境目に行う儀礼が通過儀礼です。

この言葉はフランスの民俗学者ファン・ヘネップ氏が提唱したもので、儀礼には三つの局面があり、それを「分離」「過渡」「統合」という言葉で定義しました。

ただ少し難しいので私なりの解釈でお話しすると、結婚という人生の局面で「今までの日常」と、結婚してからの「これからの日常」に移り変わっていく間には移行期が存在しており、前後の日常を統合するために、その間に非日常的なことを挟んで新しい人生に移行していく。通過儀礼とは前後を繋ぐ役割だと私は理解しています。

結婚式をする理由に、「節目なので」という言葉がよく使われます。竹を想像するとわかりやすいでしょう。竹のように長いものは折れやすいけれど、節がある事でしなやかな強さを持つことができます。私は、これと同じではないかと思うのです。もし竹に節がなければ、ちょっとの風であっという間に倒れてしまいます。

また、こうも考えられますよね。ヘネップ氏が「統合」という言葉を使ったように、新しいステージは今までの世界とは違うけど、過去があるから次のステージに移行できるのであって過去は捨て去るものではない。だから結ぶ必要がある。結婚式ではよく「結ぶ」という言葉を使いますが、これは単に夫婦や親族の仲を結ぶという意味だけではなく、過去と未来を結ぶという意味もあるのではないかと思うのです。

さらにもう一つ、日本には古来より「ハレとケ」という考え方があります。「ハレ」は年中行事や結婚式などの特別な非日常の日、「ケ」はそれ以外の日常です。

日常は単調でときに憂鬱《ゆううつ》なことがあったり、病気になるなど様々なことが起こります。そういったケガレ（気枯れと書きます）を払い清め、「ハレの日」には普段とは違う特別な食事や晴れ着を着て祝い、喜びました。よくないときは「明日は良い日になる」と励まし合い、よいときは「喜びすぎず謙虚に」と戒める。そうやって昔の人は「ハレとケ」の繰り返しの中で暮らしを成り立たせていたのです。

こうして様々な事を紐解いていくと、儀礼とは人生をより良く生きるための先人たちからの知恵だということがわかります。先にもお伝えした古事記にもあるように、きちんと儀式をすることが良い未来につながるという深い意味があるのです。

実は日常の中にも小さな節目があり、私たちは儀礼を挟んでよりよい毎日を送っています。それが「あいさつ」です。

例えば外から帰ってきたときに交わされる「ただいま」「おかえり」というあいさつ。ご飯を食べる時の「いただきます」もそうです。これまでやってきたことから次の行動を行う間に行う儀礼。当たり前のことすぎて意識はしていませんが私たちの日常の中にも儀礼が息づいているのです。

昨今、結婚式はあまりにも商業化、イベント化しすぎてしまって、結婚式を挙げる意味や本質が見えなくなってしまっている、という気持ちもわかります。お金をかけて豪華にし、人と違うようなスタイリッシュさを求めるきらびやかなイベント。しかしそれは本来結婚式が持つ意味とはかけ離れています。

別々の人生を生きてきた男女が、結婚式という通過儀礼を行って、新しい道へと踏み出す。こうした結婚式の本来の意味を知ることが、結婚式の価値が揺らいでいる今こそ必要ではないか。そして、それを正しく伝えることも私たちの大事な役割だと思います。

言葉にすることで現実になる

—○ するかしないかは自由。でもすることによる効果はきっとある

ウェディング業界の人間が結婚式をやったほうがいいと言うと、どうしてもポジショントークに聞こえてしまうのですが、もう一つ、私には結婚式をおすすめしたい理由があります。

先にもお伝えしましたが、昔から言葉は「言霊」と言われるように、大きな力があるとされています。人は「言う言葉」あるいは、「聞く言葉」にとても大きな影響を受けるということです。ですから、人生の節目には良い言葉を使って祝い、褒めるということを昔からしてきたのでしょう。それほど言葉は大切なのです。

結婚式などのお祝い事に限らず、人は言葉から影響を受けます。さらにそれを声に出して言うことでより心理的な影響力が高まります。

例えばダイエットをしたいとき、自分の心の中で思っているだけでは実行できないことがありますが、「私、今日からダイエットをします！」と周りに言うと、宣言してしまった手前、「頑張らなければ！」となります。このように、自分の言葉を現実のものにしようという意識が芽生えるのです。

言葉は人が言ったことを聞くよりも、自分自身が発した言葉を自分で聞くほうがより深く影響を受けると言います。

「私たちはこれからも、感謝の気持ちを忘れずに思いやり、愛し続け、幸せになることをここに誓います」

そう考えると、結婚式の誓いの言葉は、参列者に聞いてもらっているように見えて、実は自分自身に言い聞かせているのかもしれません。結婚式で自分が発した言葉というものが、二人の生活が始まってから、夫婦に何かあったときに、「ああ、私たちはあの式でこんなことを誓い合ったな」と自分の気持ちを落ち着かせてくれたり、「あのときの気持ちを忘れてはいけないな」と自分の言葉を現実のものにしようという意識が働いたりする。

言葉の力とはそういうものだと思います。

ブリキのおもちゃ博物館の館長・北原照久さんが以前、こんなことをおっしゃっていました。

「体は食べ物で作られる。
心は聞いた言葉で作られる。
未来は話した言葉で作られる。」

私の大好きな言葉ですが、初めてそれを聞いたとき、「本当にその通りだな」と思いました。

「幸せになります」と言葉に出して言うことは、未来を作ることにつながる。結婚式をするということは、大切なゲストの前でその宣言をするということなのです。

未来のことは誰にもわかりません。でも、目の前にいる人を幸せにしたいと思う気持ちは真実です。それを言葉にして宣言することで、現実のものにしていく。

結婚式をするかどうかは自由です。ですが、することによって得られる効果は、やっぱりあるのではないかと私は思うのです。

「結婚式」から「理念式」へ

「夫婦の理念」を基にしたオリジナル人前式

「夫婦の理念」を作るようになって、6年が経ちました。「夫婦の理念」はもともと、会社に企業理念があるように、夫婦も共通の目標や指針を持ち、何かあったときにいつでも初心に立ち戻れるようなものが必要なのではないかという考えから生まれたものです。

お二人から生まれた大切な言葉はきれいなフレームに入れて、結婚式当日はゲストからよく見えるウェルカムスペースへ飾り、結婚式が終わったら玄関に置いたり、リビングの壁、寝室など目につくところに飾っていたりする人が多いようです。

「たまにケンカをすることはあるけれど、この理念を見るとはっと我に返れるんです」

とうれしい声もいただきます。

そこで2021年には「夫婦の理念」を基にした結婚式、「理念式」をスタートさせています。サムシングフォーオリジナルの人前式で、始めてから2年、想像以上に好評をいただいています。

「理念式」の中身は、コロナ禍で私が考えを巡らせた「結婚の儀式」を意識して考えました。簡単に流れをご説明すると、

1. 入場
2. 軌跡（人生を振り返り、支えてくれた人たちへ感謝の気持ちを伝える）
3. 告白（パートナーへ「あなたとの結婚を決意した思い、築きたい未来」を伝え合う）
4. 誓い（指輪交換・誓いのキス・結婚証明書への署名）
5. 理念宣言（「夫婦の理念」を宣言する）
6. 退場

「理念式」は列席者の前で愛を誓い合う人前式です。通常の人前式は、宗教的な縛りがなく自由なスタイルで、流行りの演出などを盛り込んだ結婚式ができるというイメージがありますが、「理念式」は、結婚式を行う前に二人でじっくり向き合い、話し合って決めていただいた「夫婦の理念」を軸にして構成します。

結婚式は未だに新婦さまが両親の元から巣立ち、新郎さまの元に嫁ぐというイメージが強く残っています。しかし、現代の夫婦の関係性はもっとフラットです。「お嫁に行く」ではなく、対等な二人が手を取り合い、新しい生き方を選択していく。その始まりの場所が結婚式であるという位置づけで、現代を生きる二人にふさわしい内容を心がけました。

最初のセレモニーは「軌跡」です。これは、儀礼でいうところの「過去」にあたります。「夫婦の理念」を作成するとき、私たちは新郎新婦さまお二人にいろいろなことをお聞きします。お二人がどんな家庭で育ち、どんな友人や恩師と出会い、どんな人生を送ってきたのか。それをショートストーリーにまとめたものを司会者が読み上げます。

新郎さまのストーリーのときには、新郎さまが一歩前に出て、新婦さまのストーリーのときには、新婦さまが一人で一歩前に出て立ち、しっかり顔を上げてゲストを見ていただきます。目の前にはそれぞれの人生の登場人物がいます。ご両親やご親戚、職場の上司や先輩、学生時代のご友人……。走馬灯のように記憶が去来するという表現がありますが、新郎新婦さまお二人が今までどんな人たちに愛され、どんな人たちに助けられ、どんな人生を歩んできたか、お二人が皆さんの顔を見ながら、参列者は新郎さま、新婦さまの顔を見つめながら読み上げられるストーリーに耳を傾けます。

そして、大切な人たちに向かって、新郎さま、新婦さまそれぞれが自分の言葉で感謝の気持ちを伝えます。

このとき、ご両親がとても誇らしげな表情をされているのが印象的です。子どもたちの歴史は、お父さま、お母さまの歴史でもあります。たくさんの友人に囲まれ、素晴らしい先輩や上司に巡り合い、支えてもらったこと、人に感謝できる大人に成長したこと。ご両親にとってこれ以上の喜びはありません。

二人の人生を振り返ることで、参列者はその中に自分もいることを知ります。

「告白」は、新郎さま、新婦さまがそれぞれに「結婚を決意した理由」と「相手への思い」を伝え合います。人前で話すのは苦手だからと用意した手紙を読まれる方もいらっしゃいますが、できれば相手の目を見ながら伝えてほしいとお願いしています。お決まりの定型文ではなく、自分の言葉で伝えてほしいからです。

お互いに向き合い、「私はあなたのこういうところが好きです」「あなたのこんなところを尊敬します」「あなたは私にこんなことやあんなことを教えてくれました」など、二人にしかわからない、相手の素晴らしさを伝え合います。

指輪交換や誓いのキスなどの「誓い」のパートを経て、最後は「理念宣言」です。儀礼でいうところの「未来」にあたります。

ここで「夫婦の理念」に込められた二人の幸せの形とこれからの生き方を宣言します。ゲストの方々は、すでに言葉となって完成した理念を聞くことになりますが、この言葉にたどり着くまでには、プランナーを交えての様々な話し合いがあり、二人のこれまでを確かめ合いながら、一歩ずつ一歩ずつ夫婦になるための準備をしてきた経緯があります。

近年、一部のウェディング会社においても、結婚式の準備期間に二人の未来について考える時間を作る取り組みを行うところが出てきているようですが、サムシングフォーが他と違うのは、それを「夫婦の理念」として明確な言葉にし、そんな理念を持った二人がする結婚式はどんな内容がふさわしいだろうと、逆算して進行や演出を考えて結婚式を作っている点です。

「過去」から「未来」へ。それぞれの人生を歩んできた二人が結婚して、二人の人生を歩く。これまでの日常とこれからの日常の間にある非日常の儀式。それが結婚式なのです。

結婚式を間違えないために

お二人にとっていいスタートが切れるお手伝いをする

「夫婦の理念」を作ることで、「結婚式を間違えない」という効果もあります。

近年、結婚式は演出も進行のバリエーションも飽和状態で、SNSの普及により、さらに情報が溢れ、誰かみたいなブーケ、あの人みたいなコーディネイト、前撮りはどこで？どんなポーズで？　と様々なイメージがあふれています。私たちウェディングプランナーはその想いを叶えてあげるのが役目です。

しかし、当日の結婚式を見たとき、経験を重ねてきたプランナーほど、心の片隅に小さな疑問を感じることがあります。それは、「これで正解だったのかな？　お二人のためにもっとしてあげられることがあったんじゃないかな」という思いです。もちろん、好きなコーディネイトややりたい演出の希望はしっかり叶えてあげた、さらにそのうえで、「これでよかったのかな」という疑問が生まれます。しかし、「夫婦の理念」を作るようになったことで、結婚式を間違えるという感覚がなくなりました。結婚式で何を誓うのかが明確になり、それを軸に私たちはお二人のための進行・演出、つまり「お二人にふさわしい結婚式」を作っていけばいいからです。

サムシングフォーが母の時代から大事にしてきた願いは、「二人が幸せであり続けること」です。二人の人生の幸せを大切に考えるから、二人の結婚式を大切に考えるようになる。結婚式の正解ではなく、二人の正解を導かなくてはならない。私たちがそこを理解していなければ、二人が結婚式で得られるはずのものを渡してあげられないかもしれない。

「夫婦の理念」は二人の幸せの指針です。指針を私たちも共有することで、本当の意味で二人の財産となる結婚式になる。

もちろん、その後、お二人に何があるかはわかりません。私たちプランナーはそこまで介入することはできないけれど、お二人の人生の幸せを心から願っている一人であることを、胸を張って言えるようになった気がします。

理念式「愛の木」

自分たちが幸せになることが家族みんなを幸せにする

「夫婦の理念」を作り、「理念式」を選択したカップルを一組ご紹介しましょう。

その新郎新婦さまは、どちらも一人親家庭で育ちました。新婦さまはお母さまと姉妹とおばあさまの5人家族。家のことは家族で協力し合いながら仲良く暮らしていたそうです。

一方、新郎さまは3兄弟の真ん中。お母さまは3人の子どもたちを育てるために、昼も夜も働き通し。食事や洗濯などの家事は子どもたちが分担してやっていたと言います。中でもご長男の負担は大きく、友達と遊びたいときに遊べなかったり、勉強したいときに勉強ができなかったりしたそうで、子どもながらにいろいろ思うこともあったのでしょう。いつからかそれぞれの思いがすれ違っていきました。大人になって独立してからは、お兄さまはほとんど実家に帰って来ることもなく、疎遠になってしまったそうです。

女家族で協力し合い、お母さまを支えてきた新婦さまと、男兄弟3人で苦労をされてきた新郎さま。育った環境は違うけれど、どちらにとってもお母さまの存在が大きかったことがうかがえます。「尊敬する人」の欄には、迷いなく「母」と書かれていたのが印象的でした。

両親が離婚をした、いつも仲が悪かったなど、育った家庭環境によっては、結婚に対する憧れを抱けないまま大人になることがあります。

しかし、お二人の考えは違いました。自分たちが育った家庭はいろいろ大変なこともあったけれど、今の自分があるのは家族のおかげ。自分たちが結婚し、幸せになることで、家族みんなにもよい影響をもたらすことのできる存在になりたい。そして、家族みんなにも幸せになって欲しい、そうおっしゃったのです。

子ども時代にいろいろ苦労のあったお二人ですが、その後はたくさんの人に支えられ、幸せな人生を送ってきたと言います。新郎さまは実直で、清々しい印象の方。何事にも前向きで、縁あって出合った今の仕事に誇りと情熱を持って取り組んでいらっしゃいました。

新郎さまのワークシートの「座右の銘は?」の欄には、「艱難汝《かんなんなんじ》を玉《たま》にす」という難しい言葉が書かれていました。これは「人は困難や苦労を乗り越えることによって、立派な大人に成長する」という意味があります。その言葉を上司に教えてもらったとき、まさに自分のことを言われているように感じ、今でも心の支えになっているそうです。

一方、新婦さまはいつも明るく、愛くるしい笑顔が素敵な方。そんなお二人の印象と、新郎さまのエピソードを聞きながら、ふと思い浮かんだのが「木」です。

しっかり者で頼りがいのある新郎さまは、太陽に向かって真っすぐに伸びていく「幹」のような方。一方の新婦さまはいつも笑顔で周りをパッと華やかにする花のような方です。

そんな二人は、すでに入籍されており、その入籍日を選んだ理由は、大安や友引ではなく一粒万倍日という日本の暦に古くからある吉日の一つ。「種もみ一粒から一本の稲ができ、それがやがて何倍もの米になる」という意味があります。さらに、新郎さまの好きな言葉の中に出てくる「玉」が何かの「実」を表しているようにも感じました。

自分たちが幸せになることが、周りを幸せにする。そんなお二人の思いが、たくさんの実をつける木と重なって見えたのです。

3時間に及ぶ打ち合わせで、お二人が描く幸せの核となる言葉を探していきました。そして、二人が選んだ言葉が「愛の木」。お二人が夫婦としてありたい姿です。

お二人は、「夫婦の理念」を軸にした、サムシングフォーオリジナルの人前式「理念式」を行いました。長い間、連絡を取っていなかった新郎さまのお兄さまは、果たして来てくれるのでしょうか。不安がなかったと言えば嘘になります。

そのとき、新郎さまの表情がパッと明るくなりました。その視線の先には、お兄さまの姿があったのです。

式はプログラムに沿って進められます。まずは、お二人の過去を振り返る「軌跡」から。お二人と参列者が向かい合います。新郎さまは一歩前へ。そして、司会者が新郎さまの軌跡を読み上げます。そこには、自分たち兄弟を育てるために一日中働いていたお母さまのこと、長男として子どもの頃からいろいろなことを我慢して、弟たちの面倒を見てくれたお兄さまのことが語られていました。また、その後の人生で出会った友人、支えてくれた上司の方の話も出てきました。

「目の前のすべての人が一人でも欠けていたら、今日という日を迎えることはできなかった」、二人はそれぞれのこれまでの人生にかかわってくれた大切な人たちに向かって、自分の言葉で感謝の気持ちを伝え、それを聞いた参列者全員が涙を流しました。お二人の人生に共鳴し、自分の人生にも照らし合わせ感動の涙を流されたのだと思います。

お互いの思いを伝える「告白」を経て、指輪交換、誓いのキス。そして最後に、二人が描く未来を伝える「理念宣言」です。今度は二人が一緒に一歩前へ。二人は呼吸を整え、読み上げました。

「愛の木」

その木は強い
大地に根を張りすべてを支える
その幹は清々しい
光を信じて真っ直ぐに伸びる
その葉は優しい
風を受けて木漏れ日をつくる

その花は美しい
心を和ませ喜びを教えてくれる
晴れの日、雨の日、嵐の日、
春夏秋冬と季節が廻り
いずれ玉のような実をたくさんもたらすことでしょう
一つから始まり万の実へ
ふたりは愛の木
共に生きる一つの木

お二人がこれまでの人生をどのように感じ、今どのような思いでここに立っているのか。これから二人はどのような人生を歩んでいきたいか、二人の理念「愛の木」に込めた思いを伝えました。

そして式の終わりに、お二人は「愛の木」の象徴として、オリーブの木を植樹しました。オリーブの苗が入った鉢に二人が土を入れるというごくごくシンプルな演出ですが、参列者全員が二人の理念に込めた思いを知っているからこそ心に響くフィナーレです。

ここから二人の結婚生活が始まるのだな、この小さな木がこれからどんどん大きくなって、たくさんの実をつけていくのだろうな。そして、お二人の家を訪れたときに、この木を見た人はきっと笑顔になるのだろうな。そんな明るい未来が目に浮かびました。

後日、お二人からうれしい知らせが届きました。

理念式の後、それまで長い間疎遠だったお兄さまが家族と連絡を取り合うようになり、家族の絆が修復されたそうです。お兄さまから「結婚式をしてくれてありがとう」とおっしゃっていただいたそうで、最近はよく家族みんなで一緒に食事をするようになられたのだとか。

「こんな日が来るなんて、思ってもみませんでした。本当にうれしいです」と新郎さま。

自分たちが幸せになることが、家族を幸せにする。まさに、お二人が思い描いていた未来が現実になったのです。

「二人が素敵だから、素敵な結婚式になったのです」

この二人だから祝いたいと集まる

結婚式を終えると、新郎新婦さまやご両親から「今日は本当にありがとうございました。おかげさまで素敵な結婚式になりました」とよくお礼の言葉をいただきます。この日のために誠心誠意サポートをしてきた身としてはたいへんありがたく、この上なくうれしいお言葉です。この言葉をやりがいに頑張っているプランナーは少なくありません。

しかし、母はそういうとき決まってこう答えていました。

「いいえ、お二人が素晴らしいから素晴らしい結婚式になるんですよ」。

たとえ同じ進行だとしても、新郎新婦さまが違えば、そこに集まるゲストも違ってきます。素敵なお二人の晴れの日を祝いたいとみんなが集まったから、素敵な結婚式になったのです。すべては新郎新婦さまのお人柄ゆえ。

「理念式」を始めるようになって、私は何度も母のその言葉を思い出しました。

そして、私はこう返します。

「こちらこそ、素敵な結婚式に携わらせていただき、ありがとうございました！」

お二人の幸せな時間のお手伝いをさせていただきながら、実は自分たちも幸せな時間をいただいている。結婚式の仕事というのは、つくづく幸せな仕事だな、と日々実感しています。

「理念」を作ったカップルは離婚ゼロって本当？

結婚式が日常の中に息づいている事実

「夫婦の理念」の取り組みを始めて6年。ここ数年のお客さまに担当プランナーがお聞きした範囲ではありますが、「夫婦の理念」を作ったカップルは、離婚率ゼロといううれしい結果が出ています。

また、今回、本書を書くにあたり、「夫婦の理念」を作った感想を募集したところ、たくさんのご夫婦からお返事をいただきました。

いくつか紹介させてください。

「結婚式の準備って何をするのだろう？　とドキドキ不安の中、式場を訪れてみたのですが、最初に二人のバックグラウンドや、出会いからこれまでのストーリーを聞いていただく中で、緊張もほぐれていきました。プロフィールを埋めていくと、お互い知らなかった過去や考え方も知ることができました。その中から自然に二人が大切にしていることを導き出してくださいました。『語り合う』『手をつなぐ』、意識していなかったけれどすごく大切にしていることで、それを理念の中に入れてくださいました。結婚して何年経ってもこの言葉に立ち返っていきたいなと思いました」（夫婦の理念『こころ語り』）

「毎日のように理念を思い出し、心に誓い行動している、というわけではありませんが、ふとしたときの彼の行動がどういう意味を持っているかを考えることが増えました。以前であれば、気にしなかったり聞き流していたり、あるいはケンカになっていたことでも、『何をどう考えて？』を考えるきっかけになったのが『夫婦の理念』です」（夫婦の理念『個々夫婦』）

「私たちの理念は『2人でひとつ』というものでした。忙しい毎日の中で互いへの感謝や結婚当初の気持ちを忘れてしまい、不満に思うシーンがあっても、『夫婦の理念』を思い出すと、『これからも助け合える関係でいたいね！』と初心に戻ることができていると思います。また、振り返るたびに結婚式の日の幸せな気持ちも一緒に思い出され、自然と笑顔にさせてくれます」（夫婦の理念『2人でひとつ』）

「結婚式の思い出とともに、理念があることで、このような夫婦でありたいという二人の思いを常に忘れずに持っておくことができます。『夫婦の理念』は今も部屋に飾っています。一緒に過ごしていく中で、悲しい出来事が起こったり大きな環境の変化があったり、日々いろいろなことがありますが、『〝一緒だから〟大丈夫！』と理念に基づいた言葉をお互い何気なく掛け合うことができ、夫婦で過ごす時間がよりよいものになっていくことを感じています」（夫婦の理念『一緒だから』）

「ちょうど『夫婦の理念』を実施してくださったのが、（コロナ禍で）結婚式の延期を決め、準備を仕切り直している頃でした。ちゃんと結婚式ができるのか、どうしてこんな目に遭わないといけないのか、など不安でいっぱいでした。だからこそ、いただいたメッセージの中にあった『無いものを数えるより有るものにいくつ気づけるか』という言葉がすごく心に残っています。その通りだな、と思い前向きになれました。

そして無事に結婚式を終え、幸せな何気ない毎日を過ごしていましたが、急に私の父が倒れ、帰らぬ人となりました。結婚式からたった1年後のことでした。これまでに感じたことのない悲しみの中、いちばん近くで寄り添い支えてくれたのが夫でした。悲しくて苦しい毎日も『一歩ずつ一歩ずつ優しい笑顔で包み込んでくれるあなたと手を繋いで歩いて行こう』という言葉に勇気づけられ、一緒にこの悲しみを乗り越えようとしてくれる夫の存在に感謝し、なんとか一歩一歩、前に進むことができました。『夫婦の理念』の言葉をいただいたあの頃より、今の方が身に染みて言葉の意味を深く感じられているように思います。これから先も、うれしいことや悲しいこと、いろいろなことが起こると思いますが、そのたびにこの『夫婦の理念』の言葉がいろいろな形で私たち夫婦を支えてくれるような気がしています」（夫婦の理念『Step by Step』）

このほかにも本当にたくさんのお返事をいただきました。中には、「家族3人幸せに暮らしています！」と、お子さまの写真を添えてくださる方も。「夫婦の理念」をそのままお子さまの名前にした、というご夫婦までいらっしゃいます。

結婚式そのものはもちろん大事です。でも、二人が幸せになることは、もっと大事です。離婚自体を否定する気持ちはありません。今この瞬間にも、夫婦別々の道を選ぶお二人はいます。三組に一組が離婚する時代。そんな中で、離婚率ゼロというのは、私たちにとって大きな自信につながりました。それと同時に、もっと多くの人に、「夫婦の理念」を知ってもらいたい、本書がそのために役立ってくれればと思っています。

あなたの人生に、結婚式という日はなくていいですか？

人は一人では生きていけない

結婚式はお金がかかるから、準備が面倒くさいから、人前に出るのが恥ずかしいからなど、様々な理由で「結婚しても結婚式はしない」という選択をするカップルが増えています。「したくてもできない」という経済的な事情や、「他のことにお金と時間を使いたい」など、それぞれの価値観があるのは仕方がないこと。ただ、これまで約3000組の結婚式を見てきた私は、やっぱり「結婚式」はやったほうがいい、そう思うのです。

「結婚式のお涙頂戴的な演出が好きじゃない」「わざわざ家族や親族を集めなくても、写真だけ撮ればいいじゃないか」と、始めは結婚式に否定的だった新郎さまが、実際にやってみると「やっぱりやってよかった」と語るのはよくある光景です。

「やらなくていい」と言っていた新郎さまの多くは、今まで深く考えたこともなかったけれど、結婚式を挙げることで、実は多くの人に支えられ、生かされていたことを知ります。

自分の人生にかかわってくれた人たちが、一堂に会する日。こんなことが実現できるのは、人生において結婚式とお葬式の2回しかありません。お葬式では自分の気持ちを伝えることはできませんが、結婚式だったら自分から直接感謝の気持ちを思い切り伝えることができます。この時間はやっぱり特別なもので、体験してみないとわかりません。


私は、結婚式をしたことでわかる「人生の意味」があると思っています。「自分が一人で生きてきただなんて思っていない。そんなことは知っているよ」と皆さんおっしゃいますが、「知っている」と「わかる」というのでは、大きな差があるように思います。「結婚式をしたくない」と言う方は、もしかしたら実はなんとなくそれがわかっているから直視するのがちょっと怖いのかもしれません。人間素直になるのは怖いものです。

でも、実際に結婚式を挙げると、そんなプライドも崩れ、ただただ素直に感謝の気持ちでいっぱいになり、自然と涙があふれ出てくるのです。

結婚式には浄化作用があります。これまでの人生に感謝をし、これからの人生を宣言する。これまでの人生を振り返り、一度今までの出来事すべてが感謝に書き換えられ、新しいものになっていく。新郎新婦さまの涙を見ると、そう感じるのです。

これから結婚という大きな決断をするお二人へ伝えたいこと

私たちが「夫婦の理念」をされるお二人に必ず伝えることがあります。

それは、この本の中で何度も伝えてきたように、結婚したら幸せになれるのではなく、自分たちで結婚を幸せなものにしていくという考え方が大切だということです。

巷では「結婚相手の選び方」など、相手を間違えないための見極め方のようなものを特集した雑誌や書籍、Ｗｅｂ記事などもあります。しかし、私はどんなに条件の良い結婚相手を選んだとしても全く違う環境で育った他人であることに変わりはなく、お互いの人生を良いものにしていこうと前向きな努力をすることでしか幸せになる道はないと思っています。

不安は探せばとめどなく出てきますし、正解を探しても情報が溢れる今の社会に見つけることは困難です。今、目の前にいる「この人と結婚しよう」と思った気持ちを正解にしていくには、誰かが言った幸せの定義で推し量るのではなく、誰でもない二人の未来を幸せなものにするために自分を知り、相手を知り、二人だからこそできる幸せのなり方を見つけることです。
正解がないというのは不安なようですが、裏を返せば自由に定義できるということでもあります。そう考えると、一般的な結婚のネガティブなイメージはいくらでもポジティブな世界にしていくことができるのではないでしょうか。
それでも、もしかしたら夫婦別々の道を歩むことになることがあるかもしれません。それは誰にもわからないし、わからないものを一生懸命考えることは時間の無駄です。さらに言えば、もしそうなったとしてもその人生も否定するものではありません。

けれど結婚しようと決めた今、「夫婦の理念」を作るという工程を踏むことは何もせず漠然と未来に期待するよりも確実に**幸せになれる自信を持つ**ことができると断言できます。

本書では実際に私たちが使用しているワークシートや価値観調べなど、そのまま紹介させていただきました。ご結婚を控えている方や、悩んでらっしゃる方はぜひ一度パートナーと一緒にやってみてください。そしてその答えをもとに二人で対話をしていただきたいのです。明確な言葉まで辿り着くことができなかったとしても、お二人にとって「幸せとは」という話し合いは、必ずお二人のこれからを描く素晴らしい時間になるはずです。

おわりに

結婚式は二人の未来を幸せにするための出発点

近年、結婚式を始め様々な儀礼ごとが簡素化され、その影で良い文化まで知らず知らずのうちに失われつつあるのではないかと懸念しています。その背景には、家族や地域社会とのつながりが薄れ、ライフスタイルが変化し、個を尊重する時代になっていることが挙げられるでしょう。

ただ今回、コロナ禍で多くの人が感じたことがあります。

例えば、これまでは当たり前にあった卒業式や入学式、成人式や入社式。わざわざ正装して、偉い人の長話を聞いて、面倒だな、と思っていた人は少なくなかったはずです。けれど、いざなくなってしまうと、「なんか卒業した感じがしない」「晴れ晴れとした気分になれない」と、物足りなさを感じた人は多かったのではないでしょうか。

この感情は何でしょう。卒業式も入学式も、成人式も入社式も、人が生まれてこの世を去るまでの尊い人生に必ず訪れる節目の物語。それが人生の通過儀礼です。なくても支障はないけれど、ないと何かが欠けてしまったような寂しさを覚えます。

結婚式も同じです。挙げても挙げなくても、二人は夫婦になれるし、新しい人生を歩むことはできます。でも、こうして結婚式の本来の意味を知ると、少し考え方も変わってくるかもしれません。

結婚は人生のターニングポイントとなる大事な通過点です。しかし、私たちは学校ではいろいろなことを教わってきたけれど、結婚について、夫婦について学んだり考えたりする機会を得られないまま大人になります。

それに加えて人間関係が希薄になり、情報化社会で多様な考えが肯定され、何が正解なのかわからない時代です。ともすると周りの同調圧力に、それが自分の意見なのかさえわからないまま流されていってしまいます。

便利なようでいて、とても生きにくい時代なのかもしれない。不安になるし、どうしていいのかわからなくなる。だからこそ、これから結婚しようという二人には本質を知ることがとても大事だと思うのです。

おかげ様で、最近では広く日本中から、『『夫婦の理念』を作りたいのだけど……』というお問い合わせを受ける機会が増えてきました。そこで今夏からは、遠方に住んでいらっしゃる方々でも、できるだけお二人のご希望に沿える形で、「夫婦の理念」作りのお手伝いをさせていただいております（結婚式を希望されないお客様には一部有料。最終ページの「夫婦の理念公式ＨＰ」をご覧ください）。

ローカルのウェディングプロデュース会社が始めた小さな取り組みが、こうやって全国の新郎新婦さまが幸せになるためのお手伝いになることを、とてもうれしく思っています。

ただ、最後に触れておかないといけないと思うことがあります。それは私たち事業者には「選ばれない理由」を作っている課題もあるということです。式場側の収益構造からくる、変えられない仕組み、不透明でわかりにくい料金体系など、結婚式を考える二人が「なんで？」と感じる不自由さ、敬遠される理由があることも一方では否めない事実です。

文化としての要素もある結婚式だけに、あえて不必要なものは無くし、変えていく勇気も必要だと正直な気持ちとして思っています。

だからこそ私たちはいかに感動的なものにするか、いかに人と違うスタイリッシュなものにするかだけではなく、当事者の責任としてこれからの結婚式をどうしていくべきか、どんな発信をしていくべきか、人生の大きな決断をしたお二人に応え、しっかりとした覚悟を持って考えていかねばならないと思っています。

本書はこれから結婚し、夫婦としての人生を歩んでいくお二人の幸せを願って書きました。と同時に、ウェディングに携わる人たちに向けて、「誰のための何のための結婚式なのか」今一度一緒に考えていけたらという思いも込めています。

ウェディングプロデュースを始めた頃は、お二人が思い描くものを素敵に表現することが、私たちの役割だと、私自身も思い込んでいました。

でもあれから25年以上が経ち、会場の雰囲気がいちばんの決め手と言われていた時代さえ終わりつつあるように思います。

目先の新しいことではこの大きな命題を解決することはできません。結婚式は通過儀礼という日本の文化であり、夫婦にとっては人生に影響を与えるもの、であること。それをどう変え、どうやって伝えていくかは私自身もまだ手探り状態です。

ただ、意味や本質を正しく語り、結婚式が夫婦に何度でも手を取り合うことの大切さを教えてくれるものであり続けるように、結婚式が未来へ力強く進む自信になるものであり、いつの日か年老いた二人が今日の日をありがたく思い出してくれるように。

そう信じて私たちは、

「二人が幸せでい続けること、そのためにできること」

を実直に続けていこうと思うのです。

結婚式はゴールでなくスタートというのは聞き慣れた言葉ですが、これから未来へ旅立つお二人がちゃんとスタートできるように準備を一緒にしてあげたい。そしてスタート地点をお預かりする者として、大きな荷物をかかえて「ありがとうございました」と、ここを後にするお二人の背中にエールを送り続けたい。そう思っています。

最後にこの本を執筆するにあたり、関係各社様及びアンケートにご協力をいただいた多くの新郎新婦さまに心より感謝申し上げます。

株式会社サムシングフォー　代表

岸本裕子

2023年9月

［著者］
岸本裕子（きしもと・ひろこ）
株式会社サムシングフォー代表取締役
1971年生まれ。岡山県倉敷市出身。岡山県内の広告代理店勤務を経て、1998年、実母の経営するウェディングプロデュース会社に入社。倉敷チボリ公園や大型外洋客船「ふじ丸」などのウェディングを担当。また、倉敷の古い町並みを活かした結婚式を得意とし、地元のウェディングシーンを数多く誕生させた。2006年には岡山市内のゲストハウスを運営受託。立ち上げメンバーとして年間約180組の受注実績をあげる。2013年、岡山市内の会場を撤退し、事業を倉敷に絞り、「The華紋」をオープン。2019年に同じく倉敷市内に「EYOHAKU」をオープンする。2020年7月には倉敷のウェディング文化を発信する結婚式の総合カウンター「倉敷婚」をオープンした。岡山ウェディング協議会委員長を務める。プライベートでは今年23歳の娘と18歳の息子の母親。

サムシングフォー公式HP　https://something-for.com/
「夫婦の理念」公式HP　https://www.rinen.something-for.com/

夫婦の理念
とある地方の結婚式場がはじめた、ふたりがずっと幸せでい続ける方法

2023年9月26日　第1刷発行

著　者――岸本裕子
発行所――ダイヤモンド社
〒150-8409　東京都渋谷区神宮前6-12-17
https://www.diamond.co.jp/
電話／03･5778･7235（編集）　03･5778･7240（販売）

装丁･本文デザイン―岩永香穂（MOAI）
装画――おゆみ
編集協力――石渡真由美
DTP――明昌堂
校正――鷗来堂
製作進行――ダイヤモンド・グラフィック社
印刷――加藤文明社
製本――本間製本
編集担当――加藤貴恵

ISBN 978-4-478-11748-4